天下英雄谁敌手

刘勃 著

上海文艺出版社

洋火文化 出品

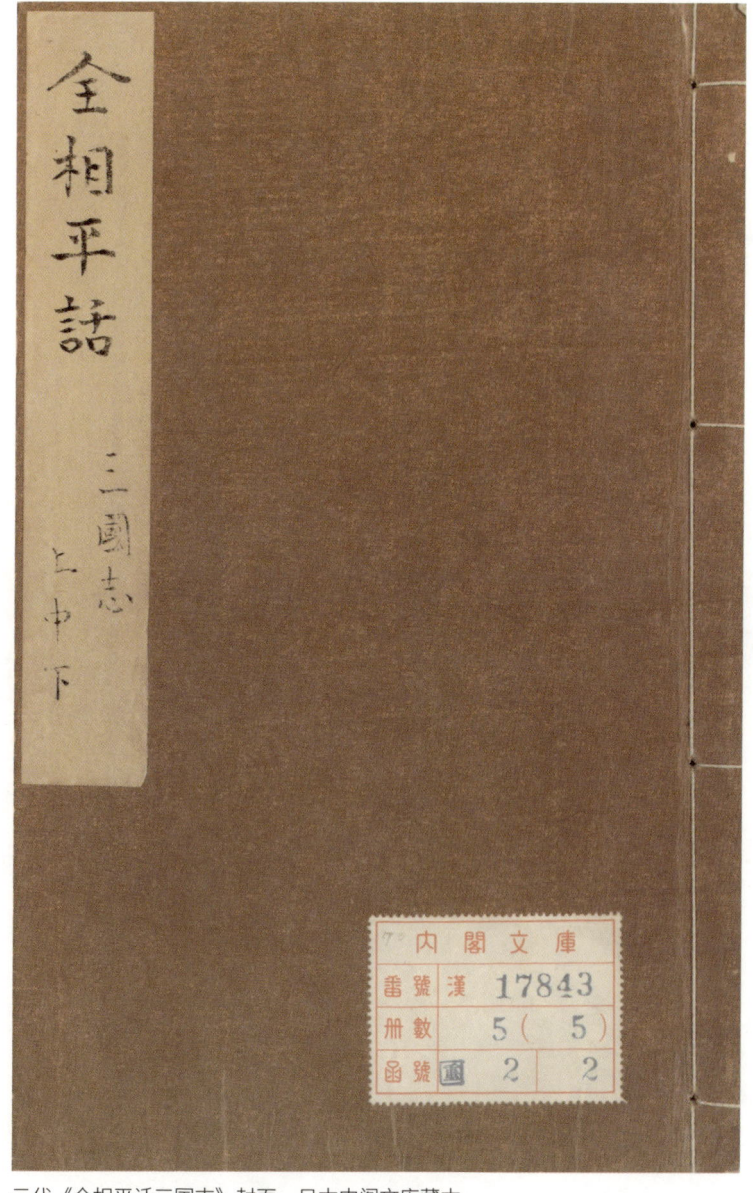

元代《全相平话三国志》封面，日本内阁文库藏本。

元代《全相三国志平话》，福建建安虞氏刊本。

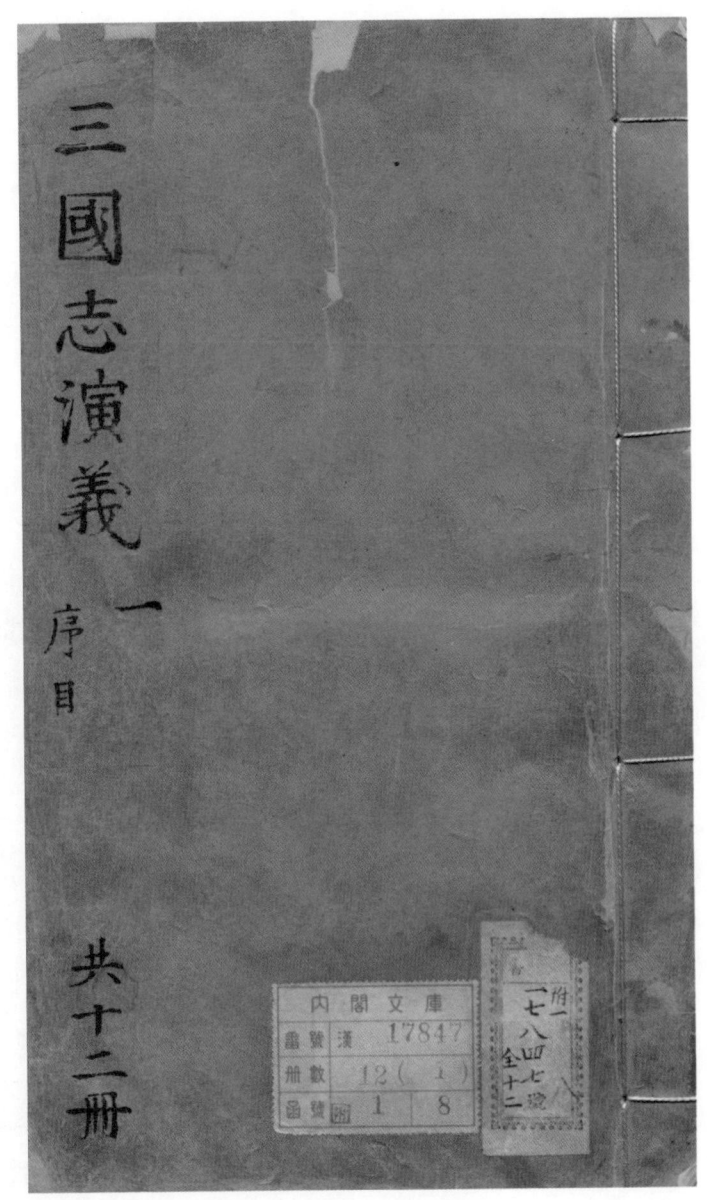

明代嘉靖本《三国志演义》封面，日本内阁文库藏本。

全像三國志通俗演義敘

夫史非獨紀歷代之事，蓋欲昭往昔之盛衰，鑒君臣之善惡，載政事之得失，觀人才之吉凶，知邦家之休戚，以至寒暑災祥襃貶與奪，無一而不筆之者。有義存焉。吾夫子因獲麟而作春秋，魯史也。孔子修之，至一字與者襃之，否者貶之。然一字之中，以見當時名臣父子之道，垂鑒後世，俾識某之善某之惡，欲其勸懲警懼不致有前車騫騰麟鳳孤。四海徒令蹈白刃。
天假數年壽孔明。山河未必輕
歸晉。此編非只口耳資萬古綱
常期復振
岢
嘉靖壬子孟夏吉望關中修頎子
書于居易艸亭

萬曆辛卯季冬吉望刊于萬卷樓

新刊校正古本大字音释三国志通俗演义卷之一

晋平阳侯陈寿史传
後學羅本貫中編次
明書林周曰校刊行

祭天地桃園結義

後漢桓帝崩靈帝即位時年十二歲朝廷有大將軍竇武太傅陳蕃
司徒胡廣共相輔佐至秋九月中涓釋義中涓中持之官也曹節王甫所
挾實武陳蕃預謀誅之機謀不密反被曹節王甫所害中涓自此得
權建寧二年四月十五日帝會羣臣於温德殿中方欲陞座殿角狂
風大作見一條青蛇從梁上飛下來約二十餘丈長蟠於椅上靈帝
驚倒武士急慌救出文武互相推讓倒于丹墀者無數須臾不見片
時大雷大雨降以冰雹到半夜方住東都城中壞却房屋數千餘間
建寧四年二月洛陽地震釋義洛陽郡名今河南省垣皆倒海水泛

毛批本绣像"青梅煮酒论英雄"

序

余嘗集才子書者六其目曰莊也騷也馬之史記也杜之律詩也水滸也西廂也已謬加評訂海內君子皆評余以為知言近又取三國志讀之見其據實指陳非屬臆造堪與經史相表裏由是觀之奇又莫奇於三國矣或曰凡自周秦而上漢唐而下依史以演義者無不與三國相仿何獨奇乎三國曰三國者乃古今爭天下之一大奇局而演三國者又古今為小說之一大奇手也異代之爭天下其事較平取其事以傳其手又戲庸故迥不得與三國並也吾嘗覽三國爭天下之局而

金聖歎外書

毛聲山評點三國志

繡像金批第一才子書

大魁堂藏版

序

所谓"三国时代",是个有弹性的概念。

如果严格按照东汉之后是三国的历史分期来讲,那么,东汉灭亡于公元 220 年,之后才是三国。

曹操正是 220 年去世的,然后儿子曹丕篡汉,可以说曹操去世是东汉结束的标志性事件。

现在通行版本的《三国演义》全书一百二十回,曹操去世在七十八回,这时全书已经过去了大半,而且书里最精彩的情节,基本集中在前面这一大半。

所以,还有个更宽泛的"三国时代"的概念,就是把汉末乱世,都算进三国。这样,要了解三国的历史,要看的正史,就不光是陈寿《三国志》,还有范晔《后汉书》的相关部分。

三国这段历史,本应该是比较好看的。鲁迅先生说:

> 因为三国底事情,不像五代那样纷乱;又不像楚汉那样简单;恰是不简不繁,适于作小说。而且三国时底英

雄，智术武勇，非常动人，所以人都喜欢取来做小说底材料。(《中国小说的历史的变迁》)

但《三国志》这部正史，可读性却不怎么高。

一个原因，是陈寿修史的时间，距离三国时代实在太近了。

陈寿出生于公元233年，是巴西郡安汉县（今四川省南充市）人，就是说，他本来是蜀国人。

公元263年，陈寿三十一岁，魏灭蜀，陈寿成了魏国人。

公元265年，陈寿三十三岁，魏晋禅代，陈寿成了晋人。

公元280年，陈寿四十八岁，西晋灭吴，天下才真正一统，三国时代结束。

公元297年，六十五岁的陈寿去世。

就是说，陈寿大半辈子，都是生活在三国时代的人。

陈寿在西晋统一之后修成了《三国志》，他遭遇的棘手问题特别多。

晋是继承魏的，所以曹魏的正统地位不容挑战；但如果曹魏不够坏，晋取代魏的合法性就有所欠缺，所以曹魏也必须要有重大污点；更糟糕的是，这次易代并没有杀人如麻的大换血，所以曹魏时代的大臣，很多在晋朝仍然是大臣，哪些阴私可以揭发，哪些污点仍需要掩盖，哪些脏水应该大泼特泼，哪些地方反而要洗地……凡此种种，都是重大技术难题。

所以，把三国史写得符合晋朝的需要，固然是国家级的文化工程，却是一件干好没多少好处，而稍不留神，就可能得罪哪家权贵，轻则从此仕途无望，重则误了卿卿性命的事。

当时中原绝不缺才学之士，但这个重任却交到了陈寿一个蜀人手里，可能也和这个烫手山芋没人愿意接有关。

陈寿不是司马迁，西晋也不是西汉，何况即使是司马迁，写汉武帝时代也用了很多曲笔。

不过陈寿总算是出色地完成了任务，《后汉书》的作者范晔评价司马迁和班固说："迁文直而事核，固文赡而事详。"比较下来，陈寿的特点大概是"其文约而事微"，文字特别简洁，叙事非常微妙，很多事看来好像没说，但该说的他其实都说了。

对本来就深知内情的读者来说，寻找字面意思下的内涵，这个过程也许特别有意思，所以《三国志》一出，当时就有一大批人赞叹此书写得真有份量。

但时过境迁，再体会这种好，难度就会几何级数增加。停留在看字面意思的层次，就觉得很多话他说得清汤寡水，很多重要的事件，他也没有给个清楚的解释。晚清的学者李慈铭就说：

>　承祚（陈寿的字）固称良史，然其意务简洁，故裁制有余，文采不足；当时人物，不减秦汉之际，乃子长作《史记》，声色百倍，承祚此书，暗然无华，范蔚宗《后汉书》较为胜矣。（《越缦堂日记》咸丰己未二月初三日）

三国时代的历史事件与人物，论精彩程度，不在楚汉相争时之下。可是《史记》写得多精彩，《三国志》就淡而无味。甚至于同样的事，如果《后汉书》的作者范晔写过，就比陈寿写的好看得多。

今天的一般读者，阅读体验恐怕更接近李慈铭。或者换个角度看问题，这也是在提醒我们：如果只是粗粗读过《三国志》，了解了一点字面意思，就去纠正《三国演义》哪里讲得不对，其实一样很冒险。

《三国志》难读的另外一个原因，则是纪传体这种体裁本身的固有缺陷。

天下一统，整个社会围绕着中央运转。那么，写皇帝的"纪"，实际上就等于是提供了一条历史主线；一篇篇"传"，则展开具体的历史信息。

乱世的麻烦，是没有哪个帝王能代表历史主线。古人为刘备和曹操谁是正统，争得很厉害。但问题是，不论曹操还是刘备，都不足以把这条主线给撑起来。

《三国志》把魏蜀吴三国的历史拆开来写，结果是导致书里的信息太零碎。后来刘宋时代的学者裴松之为《三国志》作了水平极高的注释，又补充了大量史料，但这部书也因此更加拆得七零八落了。

要对那个时代有完整的概念，要靠自己重新组织。

从这个角度看，编年体的好处就体现出来了。它关注的焦点在时间轴，哪些事是同一年发生的，彼此间的关联，就比较容易看出来了。

用编年体写三国时代的书，最重要的自然是司马光《资治通鉴》的三国部分；更简明易读的，还有朱熹根据《资治通鉴》整理的《通鉴纲目》。

不管《三国演义》的作者是谁，他对《通鉴》和《纲鉴》的熟悉程度，显然超过《后汉书》和《三国志》，《三国演义》受前者的影响，当然也就比较大。

《三国演义》这个书名，是二十世纪五十年代之后才流行开来的，古代其实不常用。古人对小说书的名字，态度根本不严肃，书名经常变来变去。最有影响力的叫法，是《三国志通俗演义》。

演是铺陈、拓展、表现，义是核心精神。所以"《三国志》

通俗演义"的字面意思就是，对《三国志》这部书的核心精神加以拓展表现，好让一般大众也能读懂。

《三国演义》现存最早的刊本，开头有一篇作于嘉靖元年的序，所以习惯上称为嘉靖本。嘉靖本的题署是这样的：

> 晋平阳侯陈寿史传
> 后学罗本贯中编次

"后学"二字，是自称的口气，所以这两行字，被认为代表罗贯中自己的态度。

《三国志》的作者陈寿放在前面，然后才跟上罗贯中的名字，而且罗贯中的工作不是"著作"，只是"编次"，似乎他只是围绕着陈寿的书，把相关材料做点编辑排列而已。

嘉靖本的序言里，则有这样一段话：

> 若东原罗贯中以平阳陈寿《传》，考诸国史，自汉灵帝中平元年，终于晋太康元年之事，留心损益，目之曰《三国志通俗演义》。文不甚深，言不甚俗，事纪其实，亦庶几乎史。

强调了书是"考诸国史"才写出来的，又说这书里的事都是纪实,"亦庶几乎史",不是历史也差得不远了。

现在流行最广的《三国演义》,是清初毛纶、毛宗岗父子修改、评点过的本子,所以往往被称为毛批本或毛本。因为人民文学出版社的"四大名著"系列里,《三国演义》选择了这个版本作底本,现在市场上能见到的《三国演义》,除非另有特别说明,几乎都是毛本。

这个版本特点是什么呢?除了一般认为的它比嘉靖本更加"尊刘贬曹"之外,还有突出的一点:它标榜自己比所有其他的版本,都更接近历史事实。毛宗岗学习金圣叹批《水浒》的故智,自称得了"古本",把其他本子都称为"俗本"。他一会儿骂"俗本记事多讹",全亏他这个版本改正了;一会儿又指出俗本里有"后人捏造之事",他都加以删除;一会儿又说"事不可阙者",炫耀自己补充了很多俗本里没有的史料。

一般说来,纠正小说、戏曲包括现在的影视剧里的历史错误,是挺无聊的一件事。但挑《三国演义》的毛病,却好像不能说有啥不对:毕竟这部书一路走来,宣传语一直在强调,我可尊重历史了。

当然,以今天的标准看,通过《三国演义》来认识历史,是相当不靠谱的。

关键倒不在什么"七实三虚""大事不虚小事不拘"所以

容易弄不清《三国演义》里的情节到底哪些是事实哪些是虚构的问题，而在于整个认识历史的方式。

邓广铭先生有个著名的说法，学习中国古代史，要有四把钥匙：年代、地理、职官、目录。——今天看来，可以再补充其他的钥匙，但总之这四把不可或缺。

因为人是生活在特定时空里的，所以弄清楚年代先后和地理方位就特别重要；传统中国是官本位的社会，很多时候你该怎么做，不是由你的智商和性格决定的，而是由你在官场中的位子决定的；而文献目录的作用，是帮助你快速了解，要弄明白一件事，首先该看哪些书。

用这四把钥匙去开历史的门，不必入门，外面张两眼就足以意识到一个问题：个人真的是很渺小的。

人是生活在复杂社会里的人，受各种或明白或隐晦的规则制约，选择的空间其实很小，很多时候不管怎么选，结果其实也没啥不同。又有时候，一个微不足道的小举动，由于牵涉到的因素太广，连锁反应却可能引发惊天变局——不是哪个政治家有这等宏图远猷，或阴谋家竟如此处心积虑，只说明结果和动机有时根本无关而已。

而《三国演义》的作者呢？尽管他对三国史的资料搜罗得也算挺用心，但这四把钥匙，显然是一把没配。

但从打动读者的角度来说，置身门外，或许倒是一种成功。

正因为《三国演义》提供的是一个简单化的世界，所以英雄的影响力，才可以任性地放大。英雄的成功，是因为个人的才智勇武光芒万丈，英雄的失败，则可以归结为性格弱点，甚而是抽象的天数。

毕竟，任何时空里的大多数人，都不明白其实也并不太关心自己究竟生活在一个怎样的社会里。相反，你身边那些要朝夕相处的人们，善良一点恶心一点高明一点蠢笨一点，却对你的生活质量，至关重要。

不必去关心复杂高远的规律或规则而只关心具体的人，符合大多数人的生活经验；但个人可以超越庞杂的社会体系直接去改变世界，又是太多人心底里的梦想。

2020年，蒙"精雕细课"不弃，邀我做了一个讲"四大名著"的音频节目。

首先就讲的《三国演义》，不过受篇幅限制，有些话题，节目里不能充分展开。尤其是曹操和刘备，很多内容都只能一带而过。

关于历史人物曹操，出色的研究已经太多，我没必要再多事，文学人物曹操倒还有可说。很多评析《三国演义》中曹操形象的文章，是直接从历史跳到《演义》的，对中间复杂的流变过程并不关注；学术论文当然不乏关注这个过程的，但往往默认了"曹操形象越变越坏"这个简单假设，所以难免有隔靴搔痒之感。

刘备这个人物，其实却是被冷落的。正像京剧《甘露寺》里乔国老那段著名的流水板里唱的，大家喜欢的其实是关羽、张飞、赵云和诸葛亮，至于刘备本人，"本是中山靖王的后，汉帝玄孙一脉留"，好像也就只有血统可吹了。而这个血统，在很多历史学家眼里恰恰是可疑的。

不少人读了《三国演义》就觉得刘备虚伪又无能，于是戴着这副眼镜去看史料，这个工作做得最完备的，应该是张作耀先生的《刘备传》。但摘掉眼镜可以看到点什么，留意的人反而少了很多。

这书写曹操和刘备，都是历史与文学对照的写法。不过写曹操更侧重文学形象，写刘备更多历史溯源。

书名叫《天下英雄谁敌手》，大家都知道，这是辛稼轩的词，本来是写孙权的。

然而这本书并没有写孙权，我是故意的。

目 录

序　　　　　　　　　　　　　　　　　　　　　　　　　i

曹操篇

引　子　一场灭门与一次围城　　　　　　　　　　　　3
第一章　曹操的权力之路（上）　　　　　　　　　　　19
第二章　曹操的权力之路（下）　　　　　　　　　　　41
第三章　在历史与"演义"之间　　　　　　　　　　　66
第四章　扭曲的屠刀　　　　　　　　　　　　　　　105

刘备篇

引　子　赤壁疑云　　　　　　　　　　　　　　　　143
第五章　折而不挠　　　　　　　　　　　　　　　　150
第六章　荆州！益州！　　　　　　　　　　　　　　184
第七章　西垂的余晖　　　　　　　　　　　　　　　212
第八章　美化、弱化、悬浮化　　　　　　　　　　　238

附录一　历史、小说、历史小说　　　　　　　　　　259
附录二　那些被《三国演义》抛弃的民间趣味　　　　276

曹操篇

引子　一场灭门与一次围城

《三国演义》是怎么塑造曹操的，我们先来观察两个片段。

杀吕伯奢满门

《三国演义》写曹操杀吕伯奢一家故事，给曹操安了些并不存在的罪行。此事陈寿《三国志》里没有提，裴松之的注释里，提供了这么几种史料：

> 太祖以卓终必覆败，遂不就拜，逃归乡里。从数骑过故人成皋吕伯奢，伯奢不在，其子与宾客共劫太祖，取马及物。太祖手刃击杀数人。（王沈《魏书》）

> 太祖过伯奢。伯奢出行，五子皆在，备宾主礼。太祖自以背卓命，疑其图己，手剑夜杀八人而去。（郭颁《世语》）

太祖闻其食器声，以为图己，遂夜杀之。既而凄怆曰："宁我负人，毋人负我！"遂行。（孙盛《杂记》）

　　《魏书》这个版本，是曹魏主旋律，吕家人确实想图谋曹操，曹操杀人，属于正当防卫。这个故事讲的是英雄逃亡途中的磨难，并展示了曹操的警觉和武艺高强。

　　《世语》中曹操已然是多疑的形象，但逃亡途中多疑，也是情有可原。

　　到孙盛《杂记》，有了"食器声"，有了曹操的人生感慨，《三国演义》的故事才初见雏形。但即使是孙盛笔下，曹操杀人后的反应也是"凄怆"，并且这也仍然是个误杀故事，曹操没有杀吕伯奢本人。根据中国文化"原心定罪"的传统，过失杀人的罪过是很小的，所谓"有心为善，虽善不赏；无心作恶，虽恶不罚"，有广泛的民意基础。

　　不过，既然今天我们都知道《三国演义》是小说，那么相比强调小说怎么改动了历史，还是关注作家怎样把历史变成小说，好像来得更有趣一些。

　　《三国演义》写这一段，真是花了大功夫。不光是曹操的屠杀应该怎么写的问题，更重要的是，罗贯中虚构了一些情节，又把许多本来不相干的内容做了调整组合，把这个本来孤立的片段，变成了曹操人生路上的关键一环。

首先，曹操刺杀董卓的故事，是《三国演义》虚构的。这个原创剧情里，曹操嘲笑王允等痛恨董卓而无计可施的百官，说出了"满朝公卿，夜哭到明，明哭到夜，还能哭死董卓否？"这样的警句。借七星宝刀刺杀董卓的过程，曹操表现得有勇有谋，虽然失败但从容脱身，不是奸雄行径，是机智的英雄。

这个情节一加，好处至少有三：第一，曹操成了董卓重点缉拿的逃犯，比起史料中的"太祖以卓终必覆败，遂不就拜，逃归乡里"，逃亡的凶险程度，瞬间增加了无数倍；第二，曹操的家族势力很大，逃亡途中，曹操能得到别人的接应和救助，本来自然是因为他豪门子弟的身份，《三国演义》不提这一点，却突出他本人英雄气概的感召力，对读者来说，感受自然也大不相同；第三，前面越把他塑造成一个英雄，后文撕下面具露出恶魔狰狞本相的一瞬间，才显得越有震撼性和冲击力。

成皋是洛阳东面的门户，曹操到吕家，本来是他流亡途中的第一个重要事件，《三国演义》把这件事挪后了，增加了陈宫"捉放曹"的故事。

这么处理带来了一个错误，陈宫被设定为中牟县令，中牟更在成皋以东，曹操不可能到了中牟再折回成皋去吕伯奢家。——不过众所周知，《三国演义》的作者和读者，大多数都对地理方位没什么概念也并无兴趣，所以地理好的同学不用给自己加戏，安静听故事就完了。

引子 一场灭门与一次围城

从讲故事的角度说，这有三个好处：

第一，史料中确实提到曹操在中牟县遇险。曹操被一个亭长发现形迹可疑，逮捕送到县廷。有个认得曹操的功曹（主管绩效考核的官吏），劝县令放了曹操，曹操才得以脱身。

这也是个孤立的记录，这个功曹甚至连名字都没有留下，后文自然也不再有他的事迹。从讲故事的角度说，这种孤立的记录最是鸡肋：不讲，它又挺惊险抓人；讲，它却会把叙述变得枝蔓。《三国演义》把功曹升任为县令置换为陈宫，就把这个片段，融入了故事主线。

第二，这也解决了陈宫这个人物怎么塑造的问题。

陈宫的故事本来也很独立，他是兖州名士，支持曹操成为兖州牧的关键人物之一，后来却突然背叛了曹操。最后曹操处死陈宫时，两人之间非常使人动容的对答，本是极好的小说素材。所以之前两人之间有何情仇恩怨的羁绊，一定要做好铺垫，但偏偏陈宫为什么支持曹操和为什么背叛曹操，史料交代得却都不很清楚。

历史学者推测，可能是陈宫开始认为曹操能保障兖州本地的利益，后来却期待落空。但问题是，描述人物的行为时，历史学家可以只梳理出当时的"势"，小说家却需要设置具体的"事"，这样人物才能动起来。

《三国演义》把陈宫提前放到这里，陈宫敬重曹操刺杀董卓的英勇与正气，于是决定弃官跟曹操一起逃亡，后来又因为痛恨曹操残暴而决定离开，这样陈宫的行为就都有了足够的动机。弃官宠交这种抉择，也确实符合东汉的时代特征。

第三，因为曹操杀人的时候，要有一个适合的目击者，陈宫正好担任这个角色。

有一条史料说，曹操离开洛阳，是和刘备一起（王粲《英雄记》），这个目击者设定成刘备，本来亦无不可，但一来罗贯中可能没注意到这条材料，二来这么写刘皇叔人设要崩，所以这个角色没给刘备，还是安排陈宫上更好。

于是，陈宫就跟着曹操跑到吕伯奢家投宿，习惯粗线条勾勒，也很少写生活场景的《三国演义》，这一段对当时情境的描绘，却细致入微：

> （吕伯）奢曰："我闻朝廷遍行文书，捉汝甚急，汝父已避陈留去了。汝如何得至此？"操告以前事，曰："若非陈县令，已粉骨碎身矣。"伯奢拜陈宫曰："小侄若非使君，曹氏灭门矣。使君宽怀安坐，今晚便可下榻草舍。"说罢，即起身入内。良久乃出，谓陈宫曰："老夫家无好酒，容往西村沽一樽来相待。"言讫，匆匆上驴而去。操与宫坐久，忽闻庄后有磨刀之声。一发惊疑。操曰："吕伯奢非吾至亲，此去可疑，当窃听之。"

引子　一场灭门与一次围城

和史料不同，吕伯奢不是不在家，而是在家却又出门了。吕伯奢先是积极留宿，然后抛下客人到内室很久，这段时间里他究竟做了什么？吕曹两家关系没好到这个地步，他为什么会如此夸张的热情？曹操是通缉犯，招待一个通缉犯，有没有好酒就那么重要吗？为什么一定要匆匆出门，出门又为什么要这么久？他会不会是举报领赏去了？《三国演义》极力渲染当时情境的可疑之处，这个时候磨刀声响起，真使人有身临其境的恐惧感。

  二人潜步入草堂后，但闻人语曰："缚而杀之，何如？"操曰："是矣！今若不先下手，必遭擒获。"遂与宫拔剑直入，不问男女，皆杀之，一连杀死八口。搜至厨下，却见缚一猪欲杀。宫曰："孟德心多，误杀好人矣！"急出庄上马而行。

那句没有主语的"缚而杀之"，进一步坐实了曹操的误判，曹操误杀八人的行为，因此显得更加情有可原。事实上，杀人的行径，陈宫也是同意甚至参与了的，因此他那句"孟德心多，误杀好人矣！"有很强的撇清意味，反而显得有些格局卑琐。

当然，《三国演义》这么写，不是要说曹操是好人，而是尽力拖延曹操暴露的时间，目的仍然是为了下一幕的翻转：

> 二人行不到二里，见吕伯奢驴鞍前鞒悬酒二瓶，手抱果菜而来。伯奢叫曰："贤侄何故便去？"操曰："被获之人，不敢久住。"伯奢曰："吾已分付宰一猪相款，贤侄、使君何憎一宿？"操不顾，策马便行。又不到数步，操拔剑复回，叫伯奢曰："此来者何人？"伯奢回头看时，操将伯奢砍于驴下。

曹操杀吕伯奢，道德上自然极其卑劣。但这里可以问一个问题：换个人当此情形，会如何选择？

高尚人士想必会坦然承认过失，然后承担全部后果，但若是一个道德品性才智能力都寻常的普通人呢？

会不会出现这样的场景：你惶恐地搪塞，徒劳地掩饰，反而迅速暴露了真相，于是吕伯奢要拉你去见官。你知道这是灭顶之灾，不愿意接受，可是内心的负疚感又使你一时丧失了决断和行动能力。所以你被投入了大牢，即将面对死刑，这时你无比懊悔，心底里响起一个声音："宁我负人，毋人负我！"可是一切都已经晚了。

或者，和吕伯奢拉拉扯扯之间，你终于下了狠心，可又觉得这样做实在不对，于是无法正常发挥你的武艺，一剑劈出没

引子 一场灭门与一次围城

伤着要害，鲜血却溅了自己一身，于是又是第二剑第三剑……终于你的兽性被完全激发出来。等到你把老人杀死的时候，他已然血肉模糊，身上遍布本无必要存在的创口，而你自己也成了一个血人，握剑的手不住颤抖，觉得几近虚脱。

而这当然都不是曹操，"操将伯奢砍于驴下"，一剑毙命，绝没有半分拖泥带水。

知道这是注定要实施的暴行，就最有效率地去完成。杀戮时头脑清晰手法干脆，岂不也是一种高明果决豪迈俊爽？

曹操是许多人欲望上的本我，能力上的超我，他做了当此情形下很多人想做却做不出做不到的事。

而当陈宫质问，你怎么可以做如此不道德的事的时候，曹操坦然又骄傲地说出了那句《三国演义》自创的中二台词：

"宁使我负天下人，休教天下人负我！"

这气场也堪称摄人心魄。此时天色已晚，西边的太阳快要落山，但帝国东方的土地上，一代奸雄却犹如一轮红日，喷薄而出。

嘉靖本在这里有句评语："曹操说出这两句言语，教万代人骂。"毛宗岗删掉这句话，却在这回的开头，加了大段总评：

孟德杀伯奢一家，误也，可原也；至杀伯奢，则恶极矣。更说出"宁使我负人，休教人负我"之语，读书者至此，无不诟之、詈之，争欲杀之矣。不知此犹孟德之过人处也。试问天下人，谁不有此心者，谁复能开此口乎？至于讲道学诸公，且反其语曰："宁使人负我，休教我负人。"非不说得好听，然察其行事，却是步步私学孟德二语者。则孟德犹不失为心口如一之小人；而此曹之口是心非，而不如孟德之直捷痛快也。吾故曰：此犹孟德之过人处也。

而陈宫的形象，也在之后的情节里得以完成。作为一个刚正迂执的士人，他不愿意杀死睡梦中的曹操，但此后他人生的唯一目的，似乎就是与曹操为敌，而且他也确实帮助吕布成为曹操面对袁绍之前的最大劲敌。

很久之后在白门楼，陈宫被曹操擒获，曹操问了陈宫一个问题："吾心不正，公又奈何独事吕布？"陈宫只是极其简单地回答："布虽无谋，不似你诡诈奸险。"陈宫不愿意说出口的，则是吕布在他看来不过是一个工具而已，所以陈宫的谋划，重心全在反曹，有时倒未必对吕布有利。他在曹操身上寄托过自己的梦想，而曹操用奸雄行径终结了这个梦想；自己本来有机会早早终结曹操的生命却没有这样做，所以悔恨释放出这个恶魔。

这是陈宫心底最深刻的怨念和负罪，如果除不掉曹操，他确实宁可死于曹操之手。

所以，《三国演义》如此刻画曹操，固然与历史不符，但是不是应该谓之"丑化""抹黑"，大可斟酌。一个现在人们嫌弃老土不屑使用的概念，"塑造了一个奸雄的典型"，倒恐怕仍是准确一些的说法。

邺城之战

建安九年（公元204年），曹操攻打邺城。这时袁绍已经去世两年，但势力仍在。邺城是袁绍苦心经营的大本营，守城的审配又颇有才能，攻城战争还是极其艰巨惨烈。

一段历史应该怎么写，古代叫"书法"，这里的书法，当然也就大有讲究。

陈寿的《三国志》，是以曹魏为正统的。当时晋朝一统天下。司马家的皇位，是从曹魏禅让来的，所以，尊曹魏为正统，是最基本的政治正确，你怎么想并不重要，或者说你必须这么想。

实际上，陈寿的感情还是偏向蜀汉的。有许多学者，从《三国志》的边边角角里，找到了许多证据。战邺城的写法，也可算是其中之一。

以曹操为中心的《武帝纪》里，自然不该说的话是不多说的。但到了袁绍的传记里，就渲染了此战之惨烈，由于曹操长期围城，导致"城中饿死者过半"。终于邺城城破，审配被擒，陈寿是这么写的：

> 配声气壮烈，终无挠辞，见者莫不叹息。遂斩之。

刚形容完审配的忠义，围观者对审配的同情，就来个"遂斩之"，显得曹操根本不把忠臣当回事。

关于审配之死，另外还有两种叙事。

乐资的《山阳公载记》和袁暐的《献帝春秋》说，城破兵败后，审配逃走，躲到一口井里，但还是被曹兵发现抓住，于是杀掉了。这个版本里，审配比较猥琐，杀这样一个人好像也就没啥。因此对曹操形象倒是比较有利。

而在一种叫《先贤行状》的书里，细节则丰富精彩得多：审配大义凛然，痛斥投降派。曹操先挑逗审配："知道谁放我进来的吗？是你侄子啊。"审配骂："小儿不足用乃至此！"曹操又问："当初我围城的时候，你的弓弩怎么这么多啊？"审配说："我只恨太少。"

曹操被这个忠臣感动了，说各为其主，你也是不得不这样做，就有放过审配的意思。但审配毫不屈服，而早先投降曹操的袁绍部下，有家人被审配杀死的，他们号哭不已，这也是给曹操施加压力。

曹操这才处死审配。审配说："我的主公在北方。"就面向北方接受了死刑。

这个版本，显然最有动人的力量。审配的忠烈气概渲染十分到位，曹操也很生动，有奸猾处，却也是个怜才惜才的领导者，处死审配，也是形势所逼不得不然。

但总之，陈寿选择了令曹操形象最不佳的简单写法。

平定邺城之后，曹操到袁绍墓前哭祭。陈寿又写了一个细节：

> 慰劳绍妻，还其家人宝物……

怎么才能"还其家人宝物"呢？自然要先有把人家给抢了的行为。金庸《笑傲江湖》里有个搞笑情节，小尼姑仪琳转述采花大盗田伯光与她纠缠时都说了什么：

> 定逸道："这恶人的胡说，不必提他，你只说后来怎样？"仪琳道："是。后来我说：'你瞎三话四，我师父从来不躲了起来，偷偷地喝酒吃狗肉。'"

众人一听，忍不住都笑。仪琳虽不转述田伯光的言语，但从这句答话之中，谁都知道田伯光是诬指定逸"躲了起来，偷偷地喝酒吃狗肉"。

陈寿这里采用的也是这种手法，不直接告诉你说曹军打劫了袁绍家。

《三国志》是好评、差评都比较极端的一部书。后世读者，很容易觉得这书写得清汤挂面，淡而无味，但陈寿同时代的人，读了《三国志》却往往佩服得不得了。很重要一个原因，就是当时这些读者，对汉末以来的许多事，心里都是有数的。他们读书不是想获取知识，而是观摩写法，看陈寿怎么把我们这个时代不允许说的事情，看起来没说但其实又说了。

有人说《三国志》"微而显，婉而成章"，比起文笔简洁之类的评价，这才是真抓住陈寿的特点了。

一百多年以后，范晔写《后汉书》，就用不着这么多忌讳了。他直接说曹操"屠邺城"，又说"袁氏妇子多见侵略"，但写到审配之死，却选择了《先贤行状》那个版本，对曹操是既黑也吹的态度。范晔这人的史学水平有点争议，但文才却不在司马迁或班固之下。他显然敏锐意识到，一个既残暴又爱才的奸雄形象，最有打动人的力量。后来司马光写《资治通鉴》，也是照着《后汉书》这版来的。

于是，再看以"贬曹"著称的《三国演义》怎么处理这段历史，就非常有意思了。

嘉靖本《三国志通俗演义》在写曹操出征之前，先写了一段曹操与手下文武的对话：

> 众皆劝操可急攻之。操曰："冀州粮食极广，审配又有机谋，急未可拔。见今禾稼在田，功又不成，枉废民业。姑得秋成，取之未晚。"众曰："若恤其民，必误大事。"操曰："民为邦本，本固邦宁。若废其民，纵得空城，有何用哉？"

前面写董卓迁都长安时，罗贯中为董卓设计了一句台词："我为天下计，岂惜小民哉？"这里曹操的态度，刚好形成鲜明对照。虽然有评语说，曹操这是收买人心（有些学者认为嘉靖本的评语是罗贯中自己写的），但这年头，身为小民，能安心种田是了不得的福报，顾不上管统治者的动机如何。

战争开始后，《三国演义》没提邺城围城里饿死者过半，却加了这么一段情节：

> 李孚曰："城中无粮，可发老弱残兵并妇人出降，以免

城中饥色。若百姓一出，便以兵继之。"配从其论。次日，城上竖白旗幡，上写"冀州百姓投降"。寨中人报曹操，操曰："此是城中无粮，教老弱百姓出降，以免饥色，后必有兵出也。"操教张辽、徐晃各引三千军马，伏于两边。操自张麾盖，众军一齐拥至城下，果见城门开处，百姓扶老携幼，手持白幡而出。操曰："我知百姓在城中受苦，若不出来就食，早晚皆饿死矣！"众皆拜伏于地。操教于后军讨粮食，老弱百姓约有数万。百姓才然出尽，城中兵突出。操教将红旗一招，张辽、徐晃两路兵出，乱杀城中兵回。操自飞马赶来，到吊桥边，城中弩箭如雨，射倒曹操坐下马。操盔上正中两箭，险透其顶。众将急救回阵……

曹操明知道饥民后面有伏兵，但仍然亲自好言抚慰，安排救济。某种意义上说，正是因为他要救百姓，才出现在危险的最前线，因此几乎有生命危险。这等爱民的情怀，即使金庸笔下守襄阳的大侠郭靖，也不过如此了。

攻破邺城后，审配之死，是按照史书里最感人的那个版本写的，只是又加了一些细节，尤其是"操怜其忠义，命葬于城北"，显得曹操尊重了审配的遗愿。

接下来，是曹丕遇见甄宓的香艳情节，《三国演义》是这么写的：

时曹丕随服父在军中，先领随身军径投袁绍家下马，拔剑而入。有末将当之曰："丞相有命，诸人不许入绍府。"丕叱退末将，提剑而入后堂……

看这样子，曹军军纪似乎不错，袁绍家更是被保护得相当好。曹丕虽然坏了禁令，但看见甄宓后立刻心动，许诺说："愿保汝家，汝勿忧虑。"总之，"袁氏妇子多见侵略"的历史记录，被洗得干干净净了。

总而言之，邺城一战，嘉靖本所塑造的曹操，形象远比两部正史和《资治通鉴》正面，说是经过了美颜，也不为过。后来，毛本的《三国演义》虽然把曹操爱民的内容删掉许多，但这些内容本来就没有史料依据。

从对这件事的叙述看，即使只谈道德水准，《三国演义》里的曹操和历史上的曹操相比，也未见得就差了。

实际上，从历史人物曹操到小说人物曹操，真是隔着千山万水，其间变幻曲折往复，早不是什么简单的美化还是丑化的问题。

第一章　曹操的权力之路（上）

曹操是被历史学者研究得非常多的人物，史籍中只言片语包含着怎样的信息，往往都有学者反复辩难。这些研究使我们得到了另一份关于曹操的历史叙事，它不同于小说《三国演义》，也不同于简单浏览《三国志·武帝纪》后得出的印象，但也许更接近真相一点。

豪门的叛逆少年

曹操出身于一个高而不贵的豪门，他的家族，至少是东汉后期最有权势的几十个家族之一。

《三国志》称，曹操的父亲来历不明，给大宦官曹腾做养子，所以改姓了曹。

东汉皇帝倚重宦官，和士族—官僚之间，矛盾很尖锐。但和平时期讲究斗而不破，所以倒也并非是泾渭分明截然对立的关系。士人也需要借助宦官在仕途上寻求一些便利，宦官要牟利求名，也离不开士人的帮忙。

曹腾就是一个比较善于和士人合作的宦官，相应的回报，一是他留在史书中的形象，相当正面；二是获得了巨额的财富，当然，贪渎的过程，史书中就没什么记录了。

我们能推断出这一点，是因为曹腾的儿子，也就是曹操的父亲曹嵩，是因为钱太多才被人盯上杀掉的。而汉灵帝的时候，曹嵩为了买一个太尉做，拿出了一万万钱。

这笔巨资，自然就是他们父子多年来贪污所得的一小部分。

可以提出一个比较，出身名门的崔烈，买司徒的官职，只花了五百万钱，是曹嵩的二十分之一。

司徒和太尉同属三公，而九千五百万钱的差价，就是士族名门和赘阉遗丑的区别。

当然还有汝南袁氏、弘农杨氏那样的家族，四代人，代代有三公，不花钱，那就更高级了。

就是说，曹操虽然出生于社会顶层，但他们家，又是属于在顶层里被歧视的家族。

曹操看士族门阀（只论权势，有些其实远远不如自己的家族），内心难免有一份自卑和羡慕在里面，到了晚年，已经位极人臣的曹操在著名的《让县自明本志令》里，这样评价自己："本非岩穴知名之士"。

曹腾、曹嵩都很清楚，自己这样的身份，风险最小的获利方式，就是以低调谨厚，"质性敦慎"的面目示人，不要和士人抢风头，沉默中自有无尽财源滚滚来。但是，和所有心高气傲的少年一样，曹操却很不甘心。

他要让自己成为万众瞩目的焦点。

开始的时候，这个愿望显得如此可望而不可即。曹操年少时就和袁绍是朋友，两个人还有一些共同的朋友。那些人大都出身名门，有的还在党锢之祸中遭到过宦官迫害，曹操一个宦官之后混迹其中，显得非常特别。

袁绍比曹操年长一些，血统高贵，相貌英俊，天生自带明星的气场。曹操据说是轻佻的，多年以后已经主持国政，仍然觉得自己没有威仪雅望，不足以接见匈奴使者。所以，和流传至今的几个段子相反，实际上在这个热闹的朋友圈里，袁绍被众星捧月，曹操却大约难免要扮演一个丑角的。

企图证明自己的曹操，走上仕途后干的第一件事，就站在了自己所属的政治集团的对立面。

他做了"洛阳北部尉"，即负责洛阳城北部治安的官员。他对自己的办公场所进行了装修，又制造了绚丽的"五色棒"，表示从此谁敢违背国家的禁令，都将被乱棍打死。

他手下的工作人员一定对这个浮夸的行为感到惊讶，有点哭笑不得。当时财政紧张，修缮衙门和新制造刑具，都很难申请到经费，只能是曹操自掏腰包。这个年轻的新领导的出身如此之好，在这个岗位上只是过渡一下，是人所共知的事情，您花这个冤枉钱做什么呢？

有钱宦官家的子弟就是任性，他们怕是难免这样感慨。至于不得夜行之类的禁令，多年来已经无人理会，开始怕是谁也不会当真。

但曹操是认真的，几个月后，灵帝宠爱的宦官蹇硕的叔父深夜出行，被曹操捉住，活活打死。整个洛阳城都受到震动，一时治安水准大为提升。

不确定曹操的行为，算不算是一种皈依者狂热，——因为想融入士人群体而对自己出身的宦官势力格外凶狠。这件事引起的政治角力想必相当复杂有趣，可惜史书语焉不详，总之最终结果是曹操被明升暗降，外放到顿丘去做县令。

中平元年（184年）黄巾之乱爆发，给曹操创造了升迁的机会。有了军功之后，曹操被任命为济南相，即济南国的行政长官，这已经是二千石的高级地方官。曹操仍然是刚健有为的能臣作风，力图清理积弊，因而显得和当时的官场风气格格不入。曹操晚年的回忆里，强调了自己与宦官集团的对立关系（"违迕诸常侍"）。不过，这些年正是他的父亲曹嵩官运亨通的时候，如果曹操所说属实，大宦官们也只会把他当作本集团内部一个爱自找麻烦的高干子弟，因而难以痛下杀手。

之后曹操被调任东郡太守，没有赴任，而是回家读书、射猎，近乎半隐居的状态。也就在这段时间里，官虽然不很大，但已经拥有巨大影响力的袁绍策划了一次想废掉汉灵帝的政变，袁绍托人来拉曹操参加，据说曹操义正辞严地拒绝了。后来这次政变也就不了了之。

两个纨绔的友谊

中平五年（188年），汉灵帝组建了一支新的禁军保卫自己居住的西园，一口气任命了八个校尉。和曹操有杀叔之仇的宦官蹇硕排名第一，曹操的老朋友袁绍第二，曹操本人为典军校尉，排名第四。

当时汉灵帝的身体状况已经不佳，创建这支新部队的目的，很可能是想压制何皇后的哥哥大将军何进，好让自己喜爱的儿子刘协，也就是后来的汉献帝即位。

然而事态发展完全出乎汉灵帝的预料。袁绍和蹇硕敌对，汉灵帝去世后，他支持了何进杀死蹇硕。接下来是一系列复杂的政治操作，许多内幕已沉没于幽暗的历史深处，以至于很多事件难以理解。但无论如何，结果是何进和宦官集团都被毁灭，来自西北的军阀董卓控制了局面，袁绍与曹操逃出洛阳。

讨董大业掀开大幕，汝南袁氏的门生故吏满天下，在诛杀宦官的过程里又立下卓越功勋的袁绍，理所当然成为盟主。甚至于，和袁绍没有关系的人也会声称，自己得到了袁绍的领导。

曹操是一个地位不太高但表现非常积极的同盟成员。曹嵩对儿子的行为大概很不满意，认为他给家族带来了极大的风险。曹嵩带着妻妾和曹操的弟弟到琅琊（山东诸城的琅琊山）隐居避险，却没有给曹操足够的经济支持，以至于曹操还不得不到陈留郡去寻求帮助。在一个叫卫兹的人的赞助下，曹操组织起了五千人马。

陈留太守张邈，是曹操和袁绍共同的朋友，或者准确地说，此时曹操和张邈都尊袁绍为大哥。讨伐董卓的时候，曹操只拥有一个"行奋武将军"的头衔，不在讨董的地方官名单里，形式上很可能被算作张邈的属下，但实际上可以独立自主。

在多数讨董部队畏缩不前的时候，曹操带着自己的五千人单独向西挺进，于是很快被教导明白了一个道理：关东地区已经享受了几代人的和平，不久前的黄巾之乱也是倚仗西北和东南的军人平定的，这片富庶的土地上也许不缺武艺高强的游侠（曹操本人就好为游侠），但一旦走上战场，在西北职业军人面前，还是只能溃不成军。

《三国志》记录了曹操兵败之后如何痛斥战友们缺乏远见，显得曹操虽败犹荣，实际上曹操当时的处境还要更加困窘：曹操手下本来就不多的兵力已经损耗殆尽，接下来讨伐董卓已经不是急务，马上就要进入诸侯混战的局面，曹操应该如何自处？

曹操前往僻处东南的扬州，想组织起一支新的部队，但扬州军人显然对追随曹操不感兴趣。经历了几番磨难，包括一次险些酿成杀身之祸的兵变后，曹操总算拼凑起了一支一千人的队伍，加上亲族曹洪等人带私兵前来加盟，总兵力有三四千人。

第二年的秋天，所谓"黄巾余党"或打出其他旗号的民变又在各地爆发，一支十余万人的乱军入侵兖州的东郡。令人惊讶的是，在当地地方官已经无力抗拒的时候，曹操突然出现，将乱军击败。这显然不是三千人马所能做到的。短短一年的时间里，曹操的实力，是怎么取得突飞猛进的呢？

袁绍称，曹操靠的是自己的支持。两人翻脸之后，袁绍在声讨曹操的檄文里，强调了这一点。《武帝纪》当中也承认，击败乱军之后，是袁绍上表朝廷，请求任命曹操为东郡太守。

下一年，曹操取得了一系列军事上的胜利，尤其是击败了进入兖州的"青州黄巾众百万"，这之后曹操已经事实上控制了兖州，袁绍的檄文又称，这件事也离不开自己的帮助。

总之，按照袁绍一方的说法：袁绍不拘一格，唯才是举，所以对缺陷明显的曹操，给予了极大的包容和支持。曹操出道以来，因为愚蠢、短视、躁进、意志薄弱……招致了一系列失败，总是袁绍"分兵命锐，修完补辑"，才帮助曹操渡过了危机。

袁绍曾给予了曹操大量帮助，属实的可能性极高，曹操早期的兵力为何突然增强，这个说法提供了最简明而合理的解释。尽管袁绍、曹操本人的传记中，陈寿都绝口不提这些帮助，但其他相关人等的资料里，却时时透露出这方面的信息。至于种种贬低曹操能力的话，自然并不足信。袁绍投入资源帮助曹操占据兖州，最重要的原因是他无法再找到一个像曹操这样得力的助手，除了曹操，他在任何人身上投资都不可能获得如此高的回报。

兖州对袁绍来说是极其重要的，他必须要让兖州控制在一个他信得过的人手里。

兖州在冀州以南。冀州地大人众，物资富饶，是袁绍很早就看中的根本。袁绍占据冀州之后，虽然意图是"南向以争天下"，但却不得不首先面对北方一个军事上极为强横的对手，即幽州的公孙瓒。

袁绍在南方也有敌人。一个是袁术，二袁在血缘上同父异母，宗法上则是叔伯兄弟，兄弟俩闹到势不两立的地步；另一个是徐州牧陶谦，陶谦曾在幽州任职，大约是那时就和公孙瓒建立起了联系。

袁术、陶谦的势力，又在兖州以南。所以只有控制住兖州，袁绍与公孙瓒作战时，才会觉得自己的背后是安全的。

自从成为讨董盟主之后，袁绍风头之劲，一时无两。但袁绍不得不面对一个困境，他很容易得到一些坐拥大量资源的人的拥戴，但他很长时间里无法将这些政治、经济、文化资源有效整合在一起，并转化为军事力量。

甚至于，这些支持袁绍的关东门阀，不但自己打仗不行，还非常排斥来自其他地方的军人。

《三国演义》里，袁绍手下有个被赵云战不数合，刺于马下的龙套角色名叫麹义，此人其实是界桥大战时，帮助袁绍击败公孙瓒的关键人物。公孙瓒的骑兵部队长期与东北的胡人作战，形成了极其强悍的战斗力。但麹义来自凉州，对骑兵冲击毫不陌生，他指挥手持大盾的步兵排列成坚固的阵型，配合强弩射击，摧毁了公孙瓒的攻势。这其实是一次大汉西北边防军与东北边防军的较量，结果西北军获胜。

然而麹义的结局，是"后恃功而骄恣，绍乃杀之"。

命运有点相似的还有吕布。被李傕、郭汜击败逃出长安后，吕布一度投到袁绍帐下。当时袁绍正在为如何平定张燕的叛军而苦恼，吕布就让袁绍的部下见识了一下什么叫真正的骑兵。吕布率领他的并州骑兵陷锋突阵，转眼就让袁绍久攻不下的张燕的部队阵型溃散。但不久之后，吕布骄傲的作风，并州军队糟糕的军纪就让袁绍无法容忍，吕布也就不得不再次走上流亡之路。

吕布有"轻于去就"的名声，也确实是劣迹斑斑，但另一方面，关东名士的排外心理，也确实使来自边疆的军人难有容身之地。

而曹操这些年里成长得很快：他善于吸纳来自四面八方的军事力量，更重要的是，曹操打破了袁绍长期无法打破的结界：把关东人变成军人。

在袁绍看来，控制兖州的人一要能打，二要可靠，那自己少年时的玩伴曹操，当然就是绝无仅有的人选了。

恶魔的药方

东汉末年，兖州治下有八个郡国：陈留、东郡、东平、任城、泰山、济北、山阳、济阴，大致相当于今天山东的西南部和河南省的东部。曹操最重要的谋士之一荀彧，曾劝曹操以兖州为根据地。这篇演说中，荀彧把兖州比作刘邦的关中，或刘秀的河内。

当然，荀彧也只是打个比方强调根据地建设的重要性。他当然很清楚，兖州远远不足以与关中相提并论。这里是四战之地，地缘形势可说相当恶劣。

除了要面对南方的袁术和东方的陶谦之外，兖州的东北方向是青州，此时的青州刺史田楷是公孙瓒任命的，也是曹操的敌人。田楷手下有一个低级将领，未来会成为曹操生平最大的对手，这个人就是刘备。

当然反过来说，强敌环伺，也意味着不同方向上都是开拓空间，就看曹操有没有能力破局。

某种意义上说，曹操自身的属性，也像兖州一样，处于各种势力之间。

袁绍"有姿貌威容，能折节下士"，但吸引力大致也只到士人为止，更基层更野蛮但也更强横的力量，要他们对自己真心归附，袁绍就很难做到。曹操作为一个轻佻通脱的宦官之后，就接地气得多，和这些人打交道，曹操远比袁绍有凝聚力。

另一方面，高而不贵的豪门毕竟也是豪门，不谈个人魅力，只从出身论曹操对高级士人也不失为次优选择，出身寒微的刘备或孙家父子，要收获同样的人才，就艰辛得多。

当然这件事也可以反过来说，你同时吸纳来自各阶层的力量，如果不能有效整合，他们彼此冲突，内部矛盾就足以把你撕扯得粉身碎骨。

初平三年（公元192年），曹操领兖州牧，虽然并非朝廷正式任命，但已是地方官的最高层级；曹操又收黄巾军降卒三十余万，号为青州兵，并与袁绍联手，连续击败了袁术、陶谦以及公孙瓒手下的刘备等人，看起来风光无限，但实际上也陷入巨大的危机之中。

青、徐、兖、豫四州，都以地狭人稠著称，尽管是经济发达地区，人均原粮占有量却非常有限。这两年各地民变不断爆发，背后的问题自然是：随着关东地区进入战争状态，农业生产无法正常进行，粮食危机已经笼罩着这片土地。

号称百万的"青州黄巾"，实际上可能只是百万饥民。曹操接纳了他们，对三十万军队进行整编，还要安置七十万军属。而根据《后汉书》提供的一份数据，整个兖州也不过四百多万人。就算青州黄巾的数量被夸大了，而《后汉书》的数字却低于实际人口数，这也意味着一个天大的难题。

兖州政府储备的粮食本来就不可能太多，这些嗷嗷待哺的嘴巴，曹操该怎么喂饱他们？

最自然的反应，当然是向本地豪族寻求支持，或者强迫他们提供支持。曹操大约确实是这么做的，所以我们看到，曹操和兖州士族之间的关系，骤然变得紧张，曹操杀了陈留名士边让，而包括曹操最信任的为人忠厚的老朋友张邈，原本积极为曹操献计献策的陈宫等人在内，许多人都在暗暗策划背叛曹操。

光靠勒索兖州士族，所获仍然不够，何况曹操也不想和他们把关系彻底搞僵。恰恰在这个时候，曹操得到了父亲曹嵩的死讯。

曹操想把父亲从琅琊一带接到自己的地盘上来，结果曹嵩在途中遇害。凶手是徐州牧陶谦，还是陶谦的部下？不同史料中的记录歧异纷呈。但不管怎么说，不影响曹操打出为父报仇的旗号，把仇恨的怒火向全体徐州人宣泄。

有个概念需要简单解释一下：《三国演义》不大能区分"州"和"州治"的区别。实际上，前者大致类似今天的省，后者则是省会。东汉末的徐州包括五个郡国，范围大致相当于山东的东南部和江苏的江北，但并不存在一个叫徐州的城市，徐州的州治在郯（今山东郯城）。

曹操的军队很快杀得陶谦退守郯城，攻城不克后，曹军如狂风暴雨般横扫了大半个徐州。大军所过之处，人头滚滚。

曹军在徐州究竟杀了多少人？《三国志》和《后汉书》及其他一些史料的记录各有不同。

《三国志·武帝纪》回避了这个问题，却在陶谦的传记中写道："死者万数，泗水为之不流。"万数就是数以万计的意思，几万到几十万都不妨称为"万数"，陈寿还是选择了一个比较含糊的说法。

《后汉书·陶谦传》直白得多：

> 凡杀男女数十万人，鸡犬无余，泗水为之不流，自是五县城保，无复行人。初，三辅遭李傕乱，百姓流离依谦者皆歼。

这样的记录，实在怵目惊心。是《三国志》记录属实，后来范晔因为憎恶曹操而夸大了他的罪行呢？还是陈寿不得不有所隐晦，范晔却不妨直言不讳呢？这个难以判定，不过另外有两点信息，也许更值得注意：

第一是曹操屠杀范围之广。他并不是攻坚城不下后，屠戮周边发泄怒火，而是第一年南下屠杀了下邳郡，次年又向东挺进，扫荡了东海、琅琊两郡。显然，曹操的意图不仅是消灭陶谦，而且还是有意识地扩大屠杀的范围和规模。

第二，死于曹军屠刀之下的，不仅是徐州的本地百姓，还有大量是来自关中三辅地区的流民。他们遭遇了李傕、郭汜之乱，千辛万苦来到东方，本以为可以安顿下来，结果走的却是一条通往地狱的道路。

曹操是为报父仇而丧失理性了吗？

也许，曹操的行为残酷冷血灭绝人性，却恰恰非常理性。

缺粮，是此时所有的领导者都必须面对的问题，而在这个时空的生产条件下，要保全所有人就意味着这个问题事实上无解。一个心存慈悲的君主，只能仰天长叹默默垂泪而无可奈何。

但是，魔鬼却有魔鬼的解药。

多杀死一个徐州人，自己的军队就可以多抢到一份口粮。

另外，有了在兖州和百万流民作战的经验，曹操无疑很清楚，饥民是这样一种存在：当意识不到自己可以有所作为的时候，他们怯懦软弱，仿佛待宰的羔羊可以任意蹂躏；但一旦他们行动起来，绝望反而会激发无穷的力量，他们的眼睛里都闪烁着磷火般的光焰，这样的光焰漫山遍野。

曹操很清楚地记得，上一任兖州刺史刘岱，还有自己的好朋友济北相鲍信，就是被这样一种洪水猛兽般的力量吞噬的，尤其是鲍信，最终连骨头都没有剩下。

那就在徐州人觉醒之前，终结他们吧。

曹操不可能算无遗策，他认为可以靠自己强大的军队令兖州门阀忍气吞声。但是兖州的势力却选择了与吕布勾结。逃出关中之后，吕布和他的并州骑兵成了在中原大地上游荡的狼群，兖州人把家乡当作一块诱人的肥肉献给了吕布。

与吕布的战争，对曹操的军队来说是一次严峻的考验。两军相持百余日，都几乎消耗到力尽粮绝的地步，最后因为蝗灾而暂且休兵。对山东地区所有还活着的人们而言，这都是噩梦般的一年，"是岁谷一斛五十余万钱，人相食"。

这个时候从某个角度看，曹操屠杀徐州，在军事上是做了一个颇具远见的选择：他的主力西向与吕布作战，东面却始终是安全的，徐州的领导者不管是陶谦还是后来的刘备，这段时间里都没有给他制造任何麻烦。如果徐州再多几十万饥民，他们疯狂地扑向兖州，一切也许都会有所不同。

曹操能够顶住吕布强大的攻势还有一个重要原因：袁绍再次对他施以援手。《三国志》里，不论曹操还是袁绍的传记都没有提及此事。但一份东吴人的记录保存了下来：

> （曹）操围吕布于濮阳，为布所破，投（袁）绍，绍哀之，乃给兵五千人，还取兖州。（谢承《后汉书》）

这件事，自然也在袁绍讨伐曹操的檄文中被重点强调。谢承是孙权的谢夫人的弟弟，显然，无论袁绍还有谢承，都有足够的动机夸大袁绍的帮助对曹操的意义。

但如果因为不见于主流叙事，就贸然否定这条记录，一样十分孟浪。如果此事属实，那曹操无疑希望把它从历史中彻底抹去，被人评价为肆无忌惮的奸雄，曹操可以开怀大笑，但卑微地向一个强者乞求怜悯，而最终又背叛了他，曹操不能接受这样的自己暴露在阳光之下。

曹操重要的谋士程昱的传记里，留下了这一事件的另一重面相：袁绍同意向曹操提供军粮，要求是曹操把家小送到冀州来。困境中的曹操想要同意，但程昱提醒曹操，不能这样受制于人，并承诺自己可以解决军粮问题。最后，身为寿张县令的程昱洗劫了自己的人民，终于为曹操筹集了三天的粮食，有一条记载说：其中夹杂着大量人肉制成的肉干。

皇帝归来

袁绍向曹操索要妻小为人质，自然是说明他对曹操也并非完全信任。两个人之间裂痕加大，则是因为曹操把汉献帝接到了自己的地盘。

被董卓胁迫迁都长安之后，皇帝越发好像只是一个体面的摆设。董卓被杀死，长安城里一度出现狂欢景象，但事实证明更大的灾难迅速逼近。凉州军团从此彻底失控，几个军阀互相残杀，关中地区沦为一个修罗场：

> 时三辅民尚数十万户，傕等放兵劫略，攻剽城邑，人民饥困，二年间相啖食略尽。（《三国志·董卓传》）

最后一句翻译成大白话：两年时间，人们你吃我，我吃你，吃着吃着就把人吃光了。

这段日子里小皇帝受尽了屈辱，被几个军阀抢来抢去。但相比万千黎庶，无论如何他应该感到庆幸，暂时还没有人想把他当作食物。

因为包裹在他身上的皇权的光辉，看起来更加美味。

罹遇哀鸿遍野的战乱之痛后，人心很容易把强大的皇权和风调雨顺国泰民安联系起来，尽管汉献帝几乎很少能自己决定什么事情，但成长中的皇帝天纵聪明宅心仁厚的传说，一直在到处流传。所以，敏锐的政治家很多都意识到，谁能够把皇帝迎到自己身边，谁就可以在天下群雄的竞争中，拥有合法性优势。

袁绍身边最优秀的谋士很早就想到了这一点，并向袁绍提出了建议。但是袁绍有所顾虑。具体说是两点：

第一，皇帝未必很容易控制。既然大家都说皇帝聪明，聪明的人当然不容易被控制。而且现在皇帝身边的官员，一些是当初跟随朝廷西迁的老臣，如弘农杨氏的太尉杨彪，论出身高贵，比袁绍也差不了太多；一些是西北军阀，虽然长期自相残杀之后，西北军的战斗力不能和巅峰时相比，但也未必就不堪一击。毕竟，多年来西北军恐怖的战斗力令关东人记忆犹新。

如果不能有效压制这些人，那就是请神容易送神难，将来要有个大事小情还要向皇帝请示，真是自找麻烦。

第二，袁绍和汉献帝之间可以说是有宿怨。汉献帝是董卓所立，而袁绍靠反对董卓，尤其是反对董卓废立皇帝，建立起了自己的巨大声望。

《献帝春秋》记录说：当董卓提出要废掉少帝的时候，袁绍挺身而出，慷慨陈词，认为这绝不可行。骄狂的董卓咆哮道："竖子，天下事难道不由我决定吗？我现在要这么做，谁敢不从？你觉得董卓刀不锋利吗？"袁绍回答："天下健者，岂唯董公？"于是拔出佩刀，横揖而出。

《献帝春秋》是比较偏袒袁绍的著作，裴松之对此记载的真实性，提出了有力的质疑（《三国演义》倒是接受了这个故事）。但不管此事是否属实，有理由相信，这个潇洒而去的背影，正是这些年来，袁绍着力经营的自身形象。

袁绍还曾经制造舆论，宣传汉献帝不是灵帝的亲儿子，又企图拥立一个德望卓著的宗室刘虞做皇帝，还杀了几个汉献帝派到关东的使者。总之，袁绍已经很难转身。

而且，袁绍本来就是关东群雄盟主的地位，他很可能觉得，自己并不是一定还需要皇权加持的吧？

所以袁绍评估的结果，迎接汉献帝这事，风险等级：中；收益等级：低。不做也罢。

曹操的想法自然就完全不同。

袁绍的两点顾虑，曹操只需要考虑第一个。当年讨董的时候，他连列名群雄的资格都没有，更没有直接就废立皇帝的事表过态，对袁绍来说极麻烦的第二个障碍，对曹操来说几乎不存在。

曹操原来只是袁绍一个有比较大自主权的跟班（至少在袁绍看来是如此），一个手段凶残暴虐的宦官之后，没有任何拿得上台面的权威。"奉天子以讨不臣"的旗号，他的需求远比袁绍迫切得多。

所以曹操评估的结果，迎接汉献帝这事，风险等级：高；收益等级：高。

既然曹操迎接汉献帝不像袁绍有那么多麻烦，为什么风险等级反而是高呢？

对曹操来说，最大的问题不在于能否控制住年轻的皇帝，而是这么做意味着对袁绍的挑战。

袁绍自己不打算利用这个皇帝的权威，也不希望任何人利用皇帝来压他这个盟主。他的期待，是皇帝留在西方自生自灭，最好赶紧出一个意外死掉，那以后袁绍的操作空间就大多了。

但皇帝显然不甘心困守于关中，兴平二年（195年）七月，皇帝从长安出发，第二年即建安元年（196年）七月，皇帝终于回到洛阳。长安到洛阳短短不到四百公里的路程，皇帝走了整整一年，其间的艰难困苦惊险万状，那也不消说得。而洛阳已经是残破的废墟，昔日辉煌的宫殿建筑，都已荡然无存。

最后皇帝住进了宦官赵忠的故宅，当初董卓焚烧洛阳城的时候,这处豪宅不知道怎么成了漏网之鱼。赵忠是所谓十常侍中的代表人物,当年,皇帝的父亲灵帝,曾经戏称赵忠是自己的母亲,不知道此刻皇帝的心情,是不是也仿佛回到了祖母的怀抱。

但接下来就要面对艰难的生计问题。百官朝会,只能从荆棘间清理出一点空间。尚书郎是清要的职务,本来意味着极好的前程(所以后世的歌谣中有诸如"木兰不用尚书郎"之类的句子),但现在尚书郎们只能和更低级的官员一起去寻觅野菜充饥。有人走着走着,就突然摔倒在地上,再也没有爬起来,有人则被乱军杀死。

曹操比袁绍还有一个巨大的优势,他对皇帝身边的动向,比袁绍更熟悉,这当中发挥关键作用的一个人物,叫董昭。

董昭本是袁绍手下一个非常能干的官员,因为派系斗争而要被袁绍治罪,他心向曹操却没有投奔曹操,而是一路向西,先游说河内太守张杨借路,让曹操的使节和汉献帝联系,又"为太祖作书与长安诸将",就是以曹操的口吻,给汉献帝身边的西北军阀写信,董昭成了曹操与朝廷联系的全权代理。

皇帝东归行进到安邑的时候,董昭干脆跑到汉献帝身边。董昭注意到皇帝身边的将军中,杨奉兵力最强却最孤立,于是再次为曹操写了一封给杨奉的信,其中最核心的一句话是:"今吾有粮,将军有兵,有无相通,足以相济,死生契阔,相与共之。"简单说就是，我有粮，你有兵，我们在一起吧。

这时已经是建安元年的春天，这几年的惨烈大战后，曹操一样也为缺粮问题困扰，但曹军已经成长为一支真正劲旅。并州土匪出身的杨奉并不了解这一点，关东地区物产丰饶而民风懦弱，董昭的话，倒是完美契合他的刻板印象。

总之，杨奉等人对与曹操合作充满期待而没什么警惕。

建安元年八月十三日，曹操来到洛阳，曹军迅速接管了全城防御。到二十二日，皇帝启程，移驾许县。

这短短十天时间里，决定了皇帝未来二十五年的命运。

杨奉等人迟钝懵懂，等他们终于反应过来后，又不得不面对残酷的事实：他们要面对的曹军，是一架高效的战争机器，和自己印象中的关东人，已经仿佛来自两个不同的世界。

曹操的心思已然不在他们身上，他现在最关注的，是袁绍的反应。

不管怎么说，骰子掷下去了。

第二章　曹操的权力之路（下）

袁绍的大棋

迁都许县之后，汉献帝巡幸了曹操的军营，任命曹操为大将军，封武平侯。不久后又给袁绍下了一份诏书，责怪他拥有如此广大的土地和众多的士兵，却只是为自己网罗党羽，而置天子于不顾。

绝大多数研究者都相信这是曹操的意思，不过，若说这同时也是皇帝自己的心声，大约也十分合理，他确实有足够多怨愤袁绍的理由。

袁绍上了一道措辞巧妙的奏疏，称自己这些年来的所作所为实乃毁家纾难报效朝廷，现在受到指责，真是"怀忠获衅，抱信见疑，昼夜长吟，剖肝泣血"。袁绍的笔杆子团队十分强大，这道奏疏堪称第一流的文学佳作。不过，尽管文中有许多地方暗怼了曹操，但无疑体现了袁绍对汉献帝权威的承认和尊重。考虑到袁绍曾经想过另外立一个皇帝，可以说他选择了低调处理此事。

接下来曹操和袁绍在宣传阵地上上演了几轮攻防。比如谁可以拥有"大将军"这个最高级的头衔，最后曹操做了让步；袁绍又希望让皇帝搬到离自己更近的鄄城，这次曹操没有同意。但一段时间内双方并没有发生军事冲突。袁曹之间似乎形成了一种默契，暂时不要破脸，解决了各自眼前的对手，再集中全部力量来做个了断。

到建安四年（公元199年），袁绍终于消灭了公孙瓒这个强大的敌人，也平靖了冀州各地的反叛。曹操得到这个消息后，"自视忽然"，也就是有些恍惚，对他来说，这一天来得太早了。

建安五年二月，即灭掉公孙瓒后休整了一年，袁绍向曹操发动全面攻势。——他手下的谋士沮授、田丰等人断言时机还不成熟，此时出击曹操必败，但不要说历史当事人袁绍，即使后人复盘，也会觉得从太多角度看，这都是合理的出击时间点。

沮授等人说的袁绍军马疲敝的问题确实存在，袁绍此时号称拥有了冀、青、幽、并四州，但青州、幽州、并州在之前的战乱中都已经残破，袁绍真正能够充分动员的，只有冀州一个州。不过这仍然意味着一个重要的事实：除了南面的曹操，其他方向上，袁绍没有值得一提的威胁，他是单线作战。

而曹操方面的问题，还要严重得多。

这几年里，曹操也取得了许多成就。从控制的地盘看，曹操也可以声称自己拥有司、兖、豫、徐四州；朝政方面，他清洗了一批有资历威望的高官，大大提升了个人权威；经济上开始屯田恢复生产；军事上最重大的成果就是消灭了吕布，以及就在袁绍击破公孙瓒后不久，曹操也把袁术逼上了绝路。

但获得屯田的收益需要时间，而曹操的军队已经疲惫到了极点。更大的困境在于，曹操要面对的敌人太多太乱，他的地盘仍然危机四伏。

兖州向西，过洛阳（基本已经成了无人区）是关中，现在控制着那里的是马腾、韩遂；东边是徐州，曹操在这里的敌人，又成了深受徐州百姓爱戴的刘备。南边的情况最复杂，由北往南依次是：豫州南部的汝南郡，这里是袁绍的老家，袁家的势力根深蒂固，还有黄巾军活动；然后是荆州最北边的南阳郡，来自西北的张绣驻扎在这里，曹操曾经攻打过张绣，结果西北军团捍卫了自己最后的荣誉——使曹操损失了猛将典韦和长子曹昂；再然后就是荆州刘表，刘表和袁绍同样都是名士，很早以前就建立起了友谊。还有，东南地区还有神勇无比又横行无忌的小霸王孙策。

而护送汉献帝东归的西北军阀，虽然大多数已经被曹操解决，但还有些残余势力，如拥有车骑将军这个高级军衔（仅次于大将军和骠骑将军）的董承。他们觉得自己历尽千辛万苦却为曹操作嫁衣裳，仿佛孙悟空一路荡妖除魔最后斗战胜佛却封给了六耳猕猴，无论如何不能心甘情愿。

而曹操长期依赖袁绍的支持，袁绍也不可能不在曹操身边布局，自己身边有哪些人、多少人是间谍，曹操也心中无底。

也就是说，曹操周围，至少埋着八颗雷。

第一颗雷：关中的西北军

第二颗雷：徐州的刘备

第三颗雷：汝南的袁氏故吏与黄巾

第四颗雷：南阳张绣

第五颗雷：荆州刘表

第六颗雷：江东孙策

第七颗雷：汉献帝身边，以董承为代表的东归将领

第八颗雷：曹营里心向袁绍的人

这八颗雷的引线，缠绕在一起，引爆一颗，很可能就是连锁爆炸。

袁绍出兵之前，曹操已经成功给其中三颗雷上了保险。

第一个被排除威胁的是刘表。刘表本来就未必具备出击的实力，而刚巧这时候荆州南部发生了叛乱，他要平定叛乱，中原的事就顾不上了。

第二个被排除的是关中，发挥关键作用的人物是钟繇。钟

繇后世以书法知名，在《三国演义》中偶尔露一小脸，还被毛宗岗嘲笑为"只会写字，那里会厮杀？我有笔如刀，不若别人怀宝剑"。实际上，颍川名士钟繇的笔，价值当然远远胜过刀剑。钟繇当初随汉献帝到长安，这段经历使他和关中军阀建立起了联系。现在曹操任命钟繇为司隶校尉，全权负责关中事务，钟繇用漂亮的书法给马腾、韩遂写信，结果让他们各遣子入侍，西线警报一举解除。后来官渡之战相持最艰苦的时刻，钟繇还给曹操送来了两千匹战马，曹操以步骑五千人突袭乌巢能够成功，这些战马发挥了重要作用。

第三颗被排的雷是张绣。建安四年底，张绣在贾诩的建议下，拒绝了袁绍的结盟要求，而是投奔了曹操。根据《张绣传》的说法："官渡之役，绣力战有功，迁破羌将军。"张绣与曹操并不是口头同盟，而是在关键时刻投入了战斗。

袁绍有理由相信，沮授、田丰都是河北人，他们太关注自己的家乡父老的感受，所以会夸张军事动员对他们造成的伤害。再拖下去，自己这边的状况，也不过是从有点累变成完全不累；而曹操却会从疲惫得近乎衰竭中走出来。

而且拖延也会给曹操更多的排雷时间。相反，如果袁绍给曹操足够大的压力，眼看曹操要崩溃，别人自然会行动起来企图分一杯羹，已经排掉的雷也可能重新激活。

曹操也预感到时间紧迫。建安五年正月，曹操以谋反的罪名诛杀了董承等人，排除了第四颗雷——董承有没有受皇帝的衣带诏诛杀曹操，成了未解之谜。甚至不能排除这个可能：曹操要解决后顾之忧，主动寻衅消灭潜在的不安定因素。

刘备成了下一个解决对象。也就是这个月，曹操亲率精兵闪袭徐州。当时曹军主力已在官渡布防，刘备的精力大概集中在大战开始后怎样偷袭曹操上，对防御反而没怎么上心，结果被曹操瞬间击败。——史书记载说，刘备曾向袁绍求援，但袁绍因为小儿子微恙，没有答应。这个说法很可能是后来为了丑化袁绍而捏造的，因为正月曹操攻打徐州，二月份袁绍大军就已经进屯黄河北岸的黎阳，过河就是著名的白马津，即关羽刺颜良之处。以袁军的规模，开始动员必然还远在刘备求援之前。实在是刘备表现得太不堪一击，没有给别人留出救他的时间。

但刘备这颗雷属于威力不大，但拆不干净的性质。他投奔袁绍后，被派到袁绍的家乡汝南，联合本地黄巾军骚扰曹操的后方。这项工作比较适合发挥刘备的特长，加上袁绍在汝南的深耕工作确实做得比较好，一些郡县易帜宣布支持袁绍。这牵制了曹操一部分兵力，第五颗与第六颗雷，加起来爆了半颗。

曹操身边有很多首鼠两端的人，他们大多只是悄悄给袁绍写信表示效忠，而没有行动。只有几个人组成了一个特别行动小组，想在官渡军营中刺杀曹操。于是他们遭遇了谍战剧的经典剧情：曹操的头号护卫许褚那天本该休息，可是他回到自己营帐后突然心中不安，于是立刻赶回曹操身边，刚好与刺客迎面相逢。这几个人就成了许褚功劳簿上最值得大吹特吹的一页。第七颗雷警报始终存在，但没有能够炸开。

最后一颗被排的雷是孙策。官渡之战最艰苦的阶段，孙策想要渡江突袭曹操，曹营年轻的谋士郭嘉做了一个神奇的预测，孙策"必死于匹夫之手"，结果孙策就真的被刺客杀死了。——不能排除这种可能，郭嘉的判断其实是：当时这种情况一旦分兵去抵抗孙策，正面战场就会被袁绍碾压，必死；不理会孙策，如果孙策来了，当然也是必死，但万一孙策来不了呢？郭嘉当时也就是赌一把，于是郭赌王又一次赌对了。

一半靠人谋，一半也是曹操不败由天幸，袁绍无功缘数奇，阿瞒趟过了所有险情，曹操小字吉利，这名字真没白叫。

所以，终究还是要靠官渡的正面战场，决定袁绍和曹操的命运。

官渡破局

官渡之战，袁绍"简精卒十万，骑万匹"，曹操的兵力，大多数研究者认为不至于像《三国志》记录的那样少，不过远不如袁绍兵多，是没有疑问的。

决战之前，不管是曹操阵营的荀彧、郭嘉，还是袁绍阵营的沮授、田丰，双方的顶级智囊都断言，曹军的精锐程度，在袁军之上。但真正开战，情况却似乎并非如此。

建安五年（公元200年）二月，袁绍的军队在黄河北岸集结尝试渡河，四月，两次试探性的战役，白马之战和延津之战曹操都取得了胜利，斩杀了袁军大将颜良、文丑。但到了八月，在官渡两军主力合战，这些年来战绩优异的曹军就招架不住，只能据守了。

值得注意的是斩杀颜良文丑和官渡合战之间，有三个多月的时间。这段时间里曹军可能一直在设法阻止袁军渡河，而最终失败，才不得不退守第二道防线。而不是如有的史家推测的那样，"从容不迫地把军队撤到官渡"。

袁绍主力渡河重新编队之后，河北骑兵的战斗力，就可以充分发挥出来。在开阔的大平原上，骑兵优势往往是无解的。

于是战争进入袁攻曹守的消耗战阶段，而粮食储备上，袁绍又是绝对优势。

曹操阵营能够坚持下来，很大程度上不是靠的眼前的希望，而是心底的绝望。

袁绍和曹操是长期合作的关系，两个阵营的势力有各种纠缠不清，但曹操的核心团队，反袁的意志始终极为坚决。

曹操本人不可能再对袁绍屈服。袁绍骂曹操是空前的奸臣,"历观古今书籍所载,贪残虐烈无道之臣,于操为甚",因为在袁绍看来,自己对曹操真是大恩大德,"有大造于操",最终却养虎贻患让曹操成为自己的劲敌,所以曹操是最可耻可恨的叛徒。曹操如果落到袁绍手里,袁绍绝对会用最残酷的手段对他进行折磨。

曹操始终是把军事指挥权牢牢抓在自己手里的,曹营关键位置上的大将,多半不是姓曹就是姓夏侯,曹操失败,他们一样会跟着毁灭。所以他们的立场没有问题。

以袁绍的为人,曹营的谋士如果投降,有很大机会可以留一条活命。但是,对荀彧、郭嘉这些骨干来说,这个选择是断断不能接受的。他们以绝代风华自诩,曾在袁绍手下任职,但认定袁绍是个庸人,这才辅佐了曹操。如果袁绍胜利,就否定了自己人生中最重要的抉择。无论如何,他们都会想尽一切办法鼓动曹操以顽强卓绝的意志,和袁绍死扛到底。

袁绍阵营内部的派系和心态,就复杂得多。为了要不要在这一年进攻曹操,袁营的谋士争辩到势不两立的地步。

比如作为河北名士的领军人物,沮授一直在高调论述攻打曹操绝不可行,认为"以曹兖州之明略,又挟天子以为资",己方绝不是对手。如此高调赞美敌人,而且不只是赞美敌人的才能,更认为他拥有更高的合法性,简直使人怀疑他心向曹操。但最终沮授做了为袁绍殉节的忠臣,他的立场没有问题。

恐怕，之所以胆敢高调宣扬曹操威胁论正是因为不相信曹操威胁论，沮授没有认真考虑过袁绍失败的可能，他就是要坚持一下不同意见，并借机翻旧账发泄一下怨气：当初袁绍没有听自己的建议去把皇帝接来。

正如韩非子所说："治强易为谋，弱乱难为计。故用于秦者，十变而谋希失；用于燕者，一变而计希得。"对强者来说，计划遇到了十个变数，也未必会失败；对弱者来说，只要遇到一个意外，计划就可能完全不可行。以当时袁绍对曹操的优势，打或者不打，都不妨是合理的决策，但是无休止的拆台内耗，足以使任何决策变得不合理。

袁营的内斗终于给曹操提供了放出胜负手的机会，曹操得到了情报，在乌巢有一万车袁绍刚刚运过黄河的军粮。和《三国演义》的情节不同的是，乌巢不是一个固定的屯粮地点，而只是一个距离袁绍大军军营四十里的临时宿营地。显然，第二天这些粮食就会被运进大营，出击乌巢的时机稍纵即逝。

在诸多信息不明的情况下，这很有可能是诱敌之计，但逆境中的曹操决定赌上一把，亲自带上步骑五千，深夜出击，第二天平明时分，袁军的营垒遥遥在望。看守军粮的淳于琼倒也没有像小说中那样喝得烂醉，他手下看守军粮的军队人数是曹军的两倍，所以他先试图与曹操对攻，发现不敌后就敛众固守。袁绍得到情报后，立刻派骑兵救援乌巢。这时候，曹操玩命赌徒的气质发挥到了极致：

> 左右或言："贼骑稍近，请分兵拒之。"公怒曰："贼在背后，乃白！"士卒皆殊死战，大破琼等，皆斩之。

显然，曹操赌的是只要在袁绍的骑兵杀到之前的一刹那点燃粮车，袁军就会自行崩溃。如果抢不到这一刹那，即使回身击败这些骑兵，也终究是满盘皆输而已。

终于，乌巢的火光冲天而起。

袁营的高览、张郃被派去攻击曹军大营，得知乌巢的消息，就转而选择向曹操投降。袁绍的军队崩溃，袁绍带着儿子抛弃大军，逃回了黄河北岸。

仅就现存的有限史料而言，很难说袁绍的作战计划有多大的失误。也许他和曹操比最大的差距是：作为统帅，曹操把自己当作攻坚的箭头，在战争中身先士卒，袁绍却还是世家公子做派，在战况最惨烈的时候仍然运筹帷幄之中，那么即使是合理的作战计划，将校们执行时的心态，自然会有所不同。

《三国志》为了强调官渡之战对曹操的意义，引述了一个神秘的谶言。汉桓帝的时候，有个精通天文的人物根据星象预言：五十年后将会有"真人"出现。官渡之战距离那时刚好是五十年。从此，曹操"天下莫敌矣"。

胜利之后，曹操的凶残也发挥到极致。《三国志》含混的记录，被袁绍抛弃的军队，曹操处置的方式是"尽坑之"。有几种史料提到，被曹操屠杀的袁军，总数有七八万人。

这个时代本来就是人口低谷，七八万青壮年男性死亡，足以改变河北的人口结构。从此，袁绍方面打防御战还可以给曹操制造不少麻烦，但已经不可能再组织起大规模攻势了。

袁绍在不久后去世，他的两个儿子上演了为争夺继承权而大打出手的经典戏码。袁绍手下的重臣也分为两派，河北名士大多支持弟弟袁尚，而河南尤其是来自颍川郡的人物更多支持袁谭。

从这点来说，曹操把汉献帝迁到许县，还发挥了另一重作用：许县正在颍川。

对袁营的颍川人士来说，当初，他们中许多人积极支持袁绍对曹操开战，因为一旦获胜，他们就可以用胜利者的姿态衣锦还乡，无疑风光之极；现在，他们支持袁谭又实质上是在为投靠曹操铺路：曹操手下的谋士，如荀彧、荀攸、郭嘉、钟繇等人都来自颍川，这些人想改换门庭，也不愁没有接引人。

即使有这么多有利因素，曹操扫平河北仍然断断续续拖了六七年的时间，等曹操远征乌桓回来，归途中"东临碣石，以观沧海"的时候，已经是建安十二年（公元207年）了。这个过程里，仍然充斥着屠城、强制移民和大规模征发，被迫从事艰苦的军事工程建设的民夫，许多倒毙在路上。对河北的百姓来说，这无疑是一段血泪斑斑的历史。

曹操的谋士如郭嘉、荀攸都承认，相比较而言，袁绍对百姓要好一些。现在这种处境，加深了河北人对袁绍的怀念。他们的记忆中，自然而然美化了袁绍的统治：

> 绍为人政宽，百姓德之。河北士女莫不伤怨，市巷挥泪，如或丧亲。(《献帝春秋》)

袁绍尊重门阀士族的特权，也没有对河北地区进行敲骨吸髓的社会动员。但是，正因为没有把各色人等驱逐出舒适区，袁绍也就无法充分利用自己所拥有的巨大资源。河北士民尽管相比曹操更喜欢袁绍，但他们作为代价，最终为曹操所做的贡献，却远远大于为袁绍的。

消灭袁家的势力之后，曹操成为北方统治者的格局完全确立，至于能不能一统天下，那就要看未来的另外一场战争了。

南征的成败

建安十三年（公元208年）的曹操很忙。

去年北方的局势终于大体平靖，按说这本该是休养生息的一年，但是变故开始于正月里曹操一个看似十分谦抑的举动：司徒赵温征辟曹操的儿子曹丕为自己的掾属，按说这个举动从任何角度看都符合流程，但曹操坚持认为，司徒府的工作人员，应该出身清贵才华优异，曹丕根本不够这个资格。

于是，曹操给汉献帝上表："温辟臣子弟，选举故不以实"，就罢免了赵温。

赵家世代忠良，赵温本人更是追随汉献帝颠沛流离历尽磨难的老臣，竟因为这个理由被免职，属实荒唐。更有政治敏感的人无疑能意识到，曹操的目的，不是罢免某一个司徒，而是要让司徒这个职务消失。

东汉以来，以司徒、太尉、司空为三公，曹操虽然早已经大权独揽，但职务仅是司空，排名在司徒之后。本年六月，曹操恢复了西汉的丞相制度，从此有了后世大家最熟悉的那个称呼"曹丞相"，他所拥有的巨大军政权力，本来是战时机制下临时赋予的，现在却完全制度化了。

八月，孔融被推上了刑场。曹操为何要杀死孔融，《三国志》多有忌讳，《后汉书》倒是搜罗了许多孔融如何戏侮曹操的段子，但还是《资治通鉴》敏锐注意到其中最关键的一条信息，孔融认为"宜准古王畿之制，千里寰内，不以封建诸侯"。曹操当时是武平侯，武平属于陈郡，距离许都只有三百里。孔融这话的意思是，曹操应该辞去侯爵，实在想要一块自己的封地，到千里之外去找吧。这个论述才真正犯了曹操之忌。

应该说，对处死这样一位"海内英俊皆信服之"的名士，曹操还是不无忌惮，曹操挑了一个自己远离现场的时候杀死的孔融。一个月之前，曹操已经统率着一支他生平指挥过的规模最大的军队，南征荆州。

荆州地区是南北争衡的焦点，襄阳城由于地位至关重要，更被誉为"天下之腰膂"。

某种意义上说，正是三国鼎立的局势，使得这一点变得清晰起来。换言之，一直到赤壁之战前，人们并不持这种观点，荆州和上游的益州、下游的扬州一样，都常常被视为"中国"或曰"华夏"的边缘。尽管东汉以来这三个州发展很快，但一来思维定势很难改变；二来南方确实仍然不足以和北方分庭抗礼。所以这些年来的中原纷争中，时不时能感到荆州的存在，但它又确实置身事外。

具体说，荆州内部的发展水平，也很不均衡。

荆州七郡（有时会再分割出一个章陵郡那就是八郡）中：南阳郡地理位置最北，人口最多，它可以拿出来单独评价，以天下标准而言也是最发达的地区；稍南则是江夏郡和南郡，属于次发达地区；南方的武陵、长沙、零陵、桂阳四郡，虽然地域辽阔人口增长也相当迅速，但毕竟开发还不很充分，各种资源也很难被行政力量组织起来，所以总是扮演随风倒的角色。

天下一乱，最发达的南阳郡立刻就被卷了进去，先后被孙坚、袁术、张绣等人实际控制。而随着官渡之战时张绣的抉择，南阳早已经归属于曹操了。事实上，后来人们讨论荆州问题的时候，常常就有意无意不包括南阳了。

所以刘表的地盘，实际上是以南郡和江夏郡为重心的，因为江夏郡是对抗东方孙氏集团的前线，所以从经济、文化等角度看，又以南郡更为重要。

次发达地区的大家族，有次发达地区的心态。

第一，他们并不热衷介入中原纷争，知道在那种残酷的搏杀中，自己掌控的这点资源根本禁不起消耗；第二，他们也并不追求建立一个自己的国家，因为北方一旦出现一个强大的政权，那会招来泰山压顶般的征伐。

他们很多人的心态实际上是，期待北方早日恢复稳定统一，之后这个新强权是匡扶汉室也好，改朝换代也罢，这并不重要，他们都会很快向这位胜利者俯首称臣。

刘表对荆州的治理，建立在这些大家族的支持之上，当然他也就不可能有所作为。对荆州地区来说，碌碌无为大约也正是幸运所在。史称，"表招诱有方，威怀兼洽，其奸猾宿贼更为效用，万里肃清，大小咸悦而服之"，不管刘表怎么被英雄人物讥讽为"守户之犬"，相比充斥着战乱、饥荒、屠杀的北方，这十多年来，荆州的生活宛如天堂。

而到了建安十三年，这一切注定要结束了。

曹操这样着急南下，除了渴望早日一统天下外，可能还有两个原因：

第一，建安八年开始，孙权不断向江夏郡发动猛攻，伴着建安十三年的春江潮水，东吴的水军终于攻破了防线，斩杀了江夏太守黄祖。

第二，刘表病危，继承人危机为征服荆州提供了极好的机会。

如果再有拖延，荆州也许就会落入孙权之手。虽然曹操这时对孙权还缺乏了解，但凭着对孙权的父亲孙坚、兄长孙策的印象，他不能不顾虑这可能是只凶暴的猛虎。如果让孙权同时控制荆、扬二州，那局面就会大不相同。

所以曹操必须抢在孙权之前拿下荆州。

一开始，局面甚至比曹操设想的更加顺利。曹操方面最优秀的谋臣荀彧拟定的作战方略是："可显出宛、叶而间行轻进，以掩其不意。"也就是奇袭荆州。但这个计划根本没有用上：曹军七月南征，刘表八月病故，九月曹操推进到新野，刘表的儿子刘琮决定投降的情报，就送到曹操手中，替刘表看守荆州北门的刘备得到这个消息甚至比曹操更晚，他只能仓皇逃窜。

曹操视刘备为劲敌，害怕他获得江陵的军资储备，不顾自己已经是年过半百的老人，亲率五千精骑追击，一日一夜行三百余里，终于在当阳的长坂追上了刘备。有十余万百姓追随刘备，拖慢了他的行军速度。应该特别提出的是：刘备在新野本有数千兵马，后来又听从诸葛亮的建议把游民征发进军队，此时麾下至少不下万人，所以刘备兵力实较曹军为多，而正因为行军缓慢，精力也保持得比较充沛。但曹操决机乘胜，气势盈溢，打得刘备再一次抛妻弃子，带着几十骑逃亡。

荆州大族那么积极地促成刘琮向曹操投降，自然是因为这最符合他们的利益。因为这意味着战争结束，然后曹操自然会回到北方，不管任命谁做荆州刺史，他们地方上的特权地位并不受到影响。"投降曹操可耻"这种价值观当然是后世发明的，此时曹操奉王命以讨不庭的旗号，看起来相当有说服力，归顺曹操道德上只会加分不会减分。

不管怎么说，曹操对刘琮的不战而降喜出望外，他上表汉献帝为刘琮乞求官爵时，堆砌了大量高级的形容词来赞美刘琮：

> 心高志洁，智深虑广，轻荣重义，薄利厚德，蔑万里之业，忽三军之众，笃中正之体，教令名之誉，上耀先君之遗尘，下图不朽之馀祚。鲍永之弃并州，窦融之离

五郡，未足以喻也。虽封列侯一州之位，犹恨此宠未副其人……

至于曹操把真实想法宣之于口，说刘琮"若豚犬耳"，那是后来的事了。

此时，曹操正期待刘琮的选择发挥示范效应。也确实如他所愿，益州的刘璋很快派遣使者来向曹操祝贺致敬。那么，江东的孙权就算不做出同样的选择，也应该在曹丞相的天威震慑之下，敛众固守罢？

建安十三年的曹操，本没有计划一举解决江东的问题。既然荆州已经平定，那自然是曹丞相不战而胜，和平的大门正在缓缓打开。

直到凛冬已至，仍然没有谁会想到，就在今年，会爆发中国古代史上最著名的那次战争。

最后一级台阶

建安十三年底的赤壁之战，是一场笼罩在迷雾中的战争。可以肯定的只是，孙权手下最有战略眼光的鲁肃认识到，要想对抗曹操必须建立孙刘联盟；未必同意鲁肃的观点，但轻剽好战的周瑜则认为当下是击败曹操的最好时机。周瑜的军队溯流而上，刘备也同时出击，最终迫使曹操不得不败走北还。

曹操此生再也无缘长江以南。

实际上，以曹操控制地盘的疆域之广人口之多，他如果全力以赴，本是可以做到这一点的，但问题是，曹操已经志不在此了。

赤壁之战那年曹操就已经五十四岁，以当时的标准而言，无疑是个老人了。对曹操来说，更重要的是要解决摆正自己位子的问题。

一来，经过这次南征，所有承认曹操代表汉献帝权威的地方势力，都已经归顺，而如刘备、孙权这样和曹操坚决对抗到底的势力，当然只会强调曹操"托名汉相，实为汉贼"。换言之，汉献帝这张牌，对曹操的意义已经不大了。

二来，随着曹操的权势越来越大，各种谣言也开始流传。

相比而言，消灭刘备与孙权并不是那么重要，或者说，只需要贬低他们的重要性就可以在宣传上取得和消灭他们一样的效果。比如著名的《述志令》中，曹操提到建安十三年的南征时说："孤复定之，遂平天下。"俨然认为赤壁的失败并不存在，天下已经平定；而当强调自己绝不可以放弃兵权的时候，曹操又指出："江湖未静"。换言之，刘备和孙权都不过是被放逐到天下之外的"江湖中人"。

建安十五年，曹操发布了两道著名的"令"。

一道是所谓"求贤令",曹操提出"唯才是举"的主张,认为一个人哪怕品性恶劣,但只要有解决具体问题、完成实际工作的能力,一样可以提拔任用。

这个观点实际上是对世家大族的一种挑衅。道德标准本来就很大程度是按照他们的需求设计的,他们当然更容易成为一个有道德的人,譬如说,父母去世要守丧三年,对于袁绍这样的家族来说根本不是问题,但一个贫寒人家的子弟,为了生计很可能只好不孝了。所以对唯才是举的强调,关注焦点倒未必在德和才哪个更重要的问题,而是企图打破士族对选官途径的垄断,赢得寒门人士的支持。

一道即《述志令》,或称《让县自明本志令》,曹操拒绝了朝廷加封他四县三万户的好意,并强调自己绝没有"不逊之志",但同时又宣称,要自己放弃兵权那是痴心妄想。

《述志令》行文,既雄健朴实又张扬飞动,那句"设使国家无有孤,不知当几人称帝,几人称王!"霸气无双不消说了;声称自己死后,要让妻妾改嫁,去向新丈夫传播自己的志向,这个创意坦白得惊人,但可笑天真中又仿佛自有一种诚挚;而说明自己紧抓兵权的理由时,不掩饰我就是要为子孙考虑,还撂下一句"不得慕虚名而处实祸",更足以让劝曹操这样做的人看得胆战心惊。

此令一出,就注定成为文学史上的千古名篇。但曹操声明自己绝无篡汉之心是否可信，却聚讼纷纭。有人认为，一篇如此敢肆无忌惮说大实话的文章，说的自然都是实话；但也有人指出：高明的谎言，正要夹杂在大实话之中。

更进一步说，即使曹操写作《述志令》时是真诚的，后来形势的演变也很可能会造成他改变心态。人本来就是会变的：曹操说自己年轻时的志向不过是做一个郡守；后来又自比齐桓、晋文，也就是做一个"勤而抚之，以役王命"的霸主，甚至他的两个年长的儿子曹丕、曹彰的字就是子桓、子文；再后来，曹操就更喜欢以周公自喻了，那是完全执掌朝纲，因而被流言毁谤，最终却证明自己是真正的忠臣的人物。即使坚信曹操说的都是谎言，不同的谎言，也透露出不同的心境。

追随曹操征战多年的谋臣武将，无疑有很大一批希望曹操能改朝换代：因为这样他们就是新王朝的开国功臣，而不仅是曹操一个名不正言不顺的"霸府"里的工作人员；而不断指责曹操想要篡位的各色人等，也可能使曹操觉得，既然注定要担这个恶名，那么不如就把这件事做了吧。

当权臣这件事，也如同逆水行舟不进则退，而且稍一后退，那就是倾覆之灾。

建安十七年（公元212年），曹操完全平定了关中，有了足够的理由进一步提升自己的权力。当然也就是有人适时提出，应该加封曹操为"魏公"，加九锡。基本上，加九锡公认是篡位前必不可少的铺垫步骤。

曹操可能预计到,此事会遭遇巨大的阻力,但曹操没想到的是,阻力首先来自自己多年来最亲近信赖的人。

那就是荀彧。早在初平二年(公元191年),二十九岁的荀彧离开袁绍,来辅佐三十七岁的曹操。二十多年来,心存汉室的荀彧对曹操的事业厥功至伟。长期以来,曹操的作为确实不妨理解为兴复大汉,所以为曹操效力和实现汉朝的伟大复兴也不妨是同一件事。但事到如今,荀彧必须做出选择。

荀彧选择做大汉忠臣。

荀彧反对曹操加九锡,以荀彧的影响力,他的立场,必然会影响一大批官员的态度。

曹操因此"心不能平",这一年征伐孙权的时候,要求荀彧和自己一起出征,实际上也就是不信任荀彧再坐镇中央了。荀彧也非常自觉,到寿春时就"以忧薨",另一种说法是,曹操赐给荀彧一个盒子,荀彧打开来一看是空的,也就自杀了。——按照古老传统,大人物去世,会被称为"无禄",所以一只空盒子,足以构成死亡暗示。[1]

《三国志》记录了荀彧之死后,紧接着说:"明年,太祖遂

---

[1] 有儒家经典称,天子之死曰崩,诸侯之死曰薨,大夫之死曰卒,士人之死曰不禄。但实际上这种对应关系并不严格。如吕相的《绝秦文》,这是晋国写给秦国的绝交信,其中提到晋国先君去世,用词就是"无禄"。

为魏公矣。"

这之后，曹操的法定权力不断扩大，总之一切迹象都表明，一个新的王朝建立只是时间问题。同时，曹操不但需要与刘备和孙权作战，自己的地盘上，从许都到邺城，反对曹操的政治事件接连不断。《三国演义》把曹操描述得很早就是一副汉贼面目，使人奇怪这些汉朝忠臣为什么能隐忍这么多年才终于发作，实际上是曹操加九锡之后，他终将篡汉这一点才昭然若揭，汉与曹的矛盾也才终于激化。而曹操则变得情绪极不稳定，因此也远比他青年时代更加猜忌多疑，结果是诛杀了一批完全没有打算反对他的人士。

最典型的例子是崔琰。崔琰一直是曹操非常尊敬的人，曹操称魏王之后，一个崔琰推荐的人狂拍曹操马屁，因此引起了很大的反弹，崔琰看了那篇马屁文章后，说了一句：

"事佳耳！时乎时乎，会当有变时。"

曹操听说后大为愤怒：因为"耳"这个语气词有点不过如此的意思，生儿子不会"生男耳"，生女儿才说"生女耳"，因此"事佳耳"仿佛是事情并不那么佳的意思。而"会当有变时"又似乎意有所指，是说曹操终究会自己当皇帝吗？这是此时曹操最不愿意有人提起的话题。

于是曹操赐崔琰自杀。和孔融、荀彧那样确实反对曹操称帝的人物不同，崔琰只是态度不大严肃而已。这件事无疑使曹操身边所有人都人心惶惶，陈寿记录说："琰最为世所痛惜，至今冤之。"曹操为人"酷虐变诈"到变态的地步，后世相关段子极多，很可能就是因为他这段时间的表现而被记录和创作出来的。实则曹操一生，性情并非一成不变，但和曹操有交集又死在曹操之后的人物，印象最深的就是这个时段的曹操。

曹操最终没有篡位。他究竟有没有过自己当皇帝的打算呢？很可能他自己也不能决断。只不过事已至此，改朝换代势在必行，实际上甚至曹操的想法，都已经不是那么重要了。

第三章　在历史与"演义"之间

能臣或奸雄

据说,汉末以善于月旦人物著称的许劭,评价过曹操。评语却有几个不同的版本。记录在孙盛《异同杂语》里,并被《三国演义》援引,因而影响更大的版本是:

治世之能臣,乱世之奸雄。

能臣有两个意思,一是"懂得为臣之道的臣子",如《淮南子·氾论训》里称道周公能子、能武、能臣;一是"能干的臣子"。许劭这话,自然取的是后一义。

值得注意的是,相比"大臣""纯臣""重臣"这些高端的概念,能臣不是一个多了不起的评价,表示此人能解决具体问题,但是不足以影响国家大局。曹操《让县自明本志令》里,提到自己早年的志向,不过是"题墓道言:汉故征西将军曹侯之墓",和治世之能臣的评价,就完全匹配。

所以这个版本的意思似乎是:曹操这人,在一个太平盛世,没什么大前途,不过是个能臣罢了。碰到乱世,才风生水起,奸诈和雄才,都可以发挥得淋漓尽致。

另一个影响较大的版本是范晔《后汉书》所记:

清平之奸贼,乱世之英雄。

这个版本似乎意在强调,曹操不是安分的人,超越常人的聪明才智,不发挥出来,绝不甘心。

清平岁月,社会规则不会给他折腾的空间,所以曹操就会极力破坏,成为奸贼。

但乱世就不同了,人人都在作乱,曹操的英雄才气发挥出来,可以将这些宵小之徒一一剪除,反而是为安定的生活铺路。这也对应曹操的自我评价:"设使国家无有孤,不知当几人称帝,几人称王!"

这两个评语是预言还是后人的总结而假托于许劭之口,很不好说。但确实都是很能体现曹操特点的总结:道德上奸,才能上雄,而奸中时时流露出雄霸之气,雄中又每每透露出奸诈之意。奸雄两面,浑然一体。

史家从来不尊曹

鲁迅先生有一段著名的评论:

> 因为通常我们晓得,某朝的年代长一点,其中必定好人多;某朝的年代短一点,其中差不多没有好人。为什么呢?因为年代长了,做史的是本朝人,当然恭维本朝的人物了,年代短了,做史的是别朝的人,便很自由地贬斥其异朝的人物,所以在秦朝,差不多在史的记载上半个好人也没有。曹操在史上的年代也是颇短的,自然也逃不了被后一朝人说坏话的公例。

这个说法有些道理,但不能当严谨的结论看。

晋朝的政权来自曹魏,所以它要论证曹魏的合法性,那就要说曹操好;但政权已从曹家转移到司马家,是天命已改人心已变,又需要说曹家坏。

如果说曹魏是一个延续几百年的政权,那就可以采用经典话术:开国皇帝曹操、曹丕是好的,最后的皇帝曹髦、曹奂是坏的。一切都很简单。

但曹魏才四十六年的历史,首尾没法截然分开。

但也不是朝代短,坏人必然多,不然蜀汉存在时间更短,刘备怎么有那么多人说好话呢？诸葛亮怎么就有那么多粉丝呢？关羽、张飞怎么就成了之后几百年武将的偶像呢？

归根结底，还是曹操把人得罪得比较狠：如果我是汉朝的忠臣，那我当然痛恨这个乱臣贼子；如果我是名门望族，那么曹操"唯才是举"的主张，无疑对我是很大的伤害；如果我是平头百姓，那么曹操又喜欢大屠杀，又把沉重的赋税徭役压在我头上——所谓"屯田"，其实就是建立了一个个集中营，我们都成了其中的苦役犯——我恨死他了。

可以说，如果是生活在那个时代的人，除非成为曹操利益集团的一分子，否则我没理由喜欢他。

平民百姓的怨言，很容易沉没于幽暗的历史深处，但世家大族就不同了，他们喜欢以道德学问标榜，笔杆子在他们手上，所谓"公道自在（有话语权之人的）人心"，士人说曹操的坏话，传播效果特别好。——当然，若因此认为只有士人痛恨曹操，那也想得差了。

所以对西晋朝廷来说，对曹操的评价既不能太好也不能太坏，分寸拿捏是一种艺术。形式上，我们不能否定某个人，实际评价时，却不妨吐槽这个人。对此人宏观肯定具体否定：场面话，说好的；实际上，却拐弯抹角损两句。

《三国志》的作者陈寿暗贬曹操的地方，前面我们已经举了几例。这里再看下《武帝纪》最后那段评语：

> 汉末，天下大乱，雄豪并起，而袁绍虎眎四州，强盛莫敌。太祖运筹演谋，鞭挞宇内，揽申、商之法术，该韩、白之奇策，官方授材，各因其器，矫情任算，不念旧恶，终能总御皇机，克成洪业者，惟其明略最优也。抑可谓非常之人，超世之杰矣。

乍一看全是赞美，一琢磨，却太多皮里阳秋，夸开基立业的帝王，没有这么夸的。你把这段文字和《史记》《汉书》夸刘邦，《后汉书》夸刘秀，或后来历代正史里开国皇帝的本纪最后的论赞比，区别一目了然。

"运筹演谋"也可能是指精通权术，"鞭挞宇内"仿佛在说是滥用暴力，讲述曹操才能的时候，陈寿拉了申不害、商鞅、韩信、白起四个人来衬托：经历了汉朝四百年的正统教育，"申、商之法术"听起来实在很不是味道，韩信、白起两个虽然是顶级武将，却下场悲惨，再说既然给了曹操帝王的地位，老是强调他打仗的才能干吗？李世民更是不世出的军事天才，新旧唐书赞美他时，可不会在这一点上用力，《新唐书》甚至还委婉批评了两句他好大喜功。——用韩、白吹吹张辽、于禁等五子良将还差不多。

最后陈寿总结曹操能成就帝王基业的原因，认为靠的"惟其明略最优"，最可恶就是"惟其"二字。仿佛是说，曹操成功,就是因为策略最高明,既不得人心,也无关天命。

陈寿用这些春秋笔法,却也并不用担心有什么风险。西晋的舆论氛围总体上说还算宽容,不少人也对他的写法表示喜闻乐见。

张华是西晋的文坛领袖,又喜欢奖掖后进。渴望成名的人物,都会把自己的作品送给张华看,陈寿也不例外。

脑补一下当时情况:陈寿的稿子送到了张华手里,如果是先有个年轻的审稿人,对张华说:"这部稿子我看了,我觉得敏感的地方已经圈出来了,您再把把关。"人情通透的老狐狸张华可能就会把稿子搁置起来,从此不提这事了。但当时并没有政治觉悟这么高的审稿人,所以张华一看就对陈寿说:"当以晋书相付耳。"写得真好啊,将来写本朝史的重任,也就交给你吧。

所以我们就看到了这么一部对曹操看似多有回护,实则蔫损吐槽的《三国志》。

后世还有一部承认曹魏主导地位的重要历史著作,就是司马光的《资治通鉴》。一部编年体的史书,用谁的年号来纪年,是顶要紧的事。汉献帝在,司马光就用他的年号,直到建安二十四年(公元219年)。下一年汉献帝禅位曹丕,司马光就用曹魏的年号了。

为什么用曹魏的年号而不用刘备的蜀汉年号呢？司马光有个纯技术性的考虑：曹丕的年号黄初，紧接建安；刘备下一年才称帝，他的年号章武，和建安之间就漏掉一年不好处理。而且蜀汉灭亡最早，到晋朝建立中间又隔着一年，用蜀汉的年号的话，这一年怎么算呢？

司马光显然意识到，这么做可能让人觉得，自己把曹魏当正统了。所以他在刘备称帝的记载后，写了一段很长的"臣光曰"，表示不统一，无正统，他固然很不喜欢曹操，不过也并不怎么赞赏刘备，只不过写历史书必须要把年份交代清楚，姑且把曹魏的年号拿来用，"非尊此而卑彼，有正闰之辨也"。

司马光不像陈寿那样有很多顾忌，写起曹操的黑历史来，要直白得多。特别值得一提的是，《资治通鉴》开头那段著名的德才之辨，虽然和曹操没有直接关系，但也可以看作是一篇《奸雄论》。

司马光说，才和德是两回事，可是世俗之人不明白其间区别，笼统认为是贤能，看错人的事，也就是这么发生的。又说：

> 才德全尽谓之圣人，才德兼亡谓之愚人，德胜才谓之君子，才胜德谓之小人。凡取人之术，苟不得圣人、君子而与之，与其得小人，不若得愚人。……愚者虽欲为不善，

智不能周,力不能胜,譬之乳狗搏人,人得而制之。小人智足以遂其奸,勇足以决其暴,是虎而翼者也,其为害岂不多哉!

美德和才学都达到了满分,那是圣人;德行和才学都没有,那是愚人;德行胜过了才学,那是君子;有才但是缺德,那是小人。愚人虽然想做坏事,但是智商欠费,力量不够,就好像一只小奶狗想要咬人,你很容易制服他。但小人就不同了,他的高智商配上他缺德,真是如虎添翼,真正的大坏事都是他们干的。

显然,司马光嘴里的小人,和一般理解的小人不同,倒恰恰就是所谓"奸雄"。司马光还特意强调,小人或奸雄,有可爱属性:

> 夫德者人之所严,而才者人之所爱。爱者易亲,严者易疏,是以察者多蔽于才而遗于德。自古昔以来,国之乱臣,家之败子,才有余而德不足,以至于颠覆者多矣。

咱们其实并不喜欢和道德特别高尚的人在一块儿,因为他们往往给人一种压迫感。相反,一个聪明能解决问题的小人,和他合作就很愉快。所以人们是很容易喜欢小人而讨厌君子的，自古以来，国家出现乱臣，家里生出败子，特点都是才有余而德不足，因此被颠覆毁灭的，真是太多了。

这字字句句，用来骂曹操，简直是量身定制。

《三国志》和《资治通鉴》，都是在形式上给了曹魏很高待遇的史书，但陈寿、司马光对曹操的真实态度，却也都是批判，更不用说那些毫不掩饰地痛斥曹操的人了。

所以，在传统历史学家那里，对曹操的看法其实很稳定：都认为曹操人很坏，但能力很强，而正因为能力强，所以显得人尤其坏。而所谓挺曹和贬曹两派对立，从来不具备多大的重要性。传统史家内部有分歧，主要是出于这样那样的原因，史书在形式上不得不尊曹魏为正统，有人觉得这也不行，甚至属于不要脸。

文人自古爱阿瞒

来自蜀汉的史学家陈寿用春秋笔法暗贬曹操的时候，来自东吴的文学家陆机，却被曹操打动了。

陆机是东吴名将陆逊的孙子，西晋朝廷为了拉拢东南士人（也是为了彰显朝廷在吴地的统治权），召陆机入朝为官。一开始陆机几乎是被迫来到洛阳的。

陆机对故国怀有感情，认为"三国同霸"，不论魏蜀吴，都只是霸主水平，没有谁是得天命的帝王，算是当时少数胆敢高调否认曹魏合法性的人。感情上，他本不该对曹操有什么好感，从政治的角度理性评价曹操，他的观点则是："曹氏虽功济诸华，虐亦深矣，其民怨矣。"可算是在附和史学界的主流评价。

但元康八年（公元298年），陆机担任著作郎，因此可以查阅一些秘密档案。陆机偶然读到曹操的遗令，当时他体验到了一种内心被瞬间击中的感觉，不禁"忾然叹息，伤怀者久之"，于是写下来著名的《吊魏武帝文》。

陆机用流光溢彩的文字，对曹操的功业进行了赞美：

> 接皇汉之末绪，值王途之多违。伫重渊以育鳞，抚庆云而遐飞。运神道以载德，乘灵风而扇威。摧群雄而电击，举勍敌其如遗。指八极以远略，必翦焉而后绥。厘三才之阙典，启天地之禁闱。举修网之绝纪，纽大音之解徽。扫云物以贞观，要万途而来归。丕大德以宏覆，援日月而齐辉。济元功于九有，固举世之所推。

陆机说，曹操生在汉末乱世，就像是潜藏在深渊中的一条龙，慢慢孕育着自己的鳞片，只待庆云蒸腾，就高飞远去。他运用神道，承载德性，乘着灵明之风，声威滚滚传播。曹操摧毁群雄，就如同雷轰电击，歼灭强敌，仿佛拾起丢在地上的东西一样轻松。曹操的手指向天下八极，经略遥远的边疆，荡灭一切敌寇，然后才休养生息。

他整顿了关乎天地人三才的残缺典籍，开启了天地间最隐秘的空间。如果国家制度是一面网，曹操接续了断绝的纲纪；如果礼乐教化是一张琴，曹操结好了散乱的琴徽。天下群凶本如云扰之物，曹操扫平了他们，实现了贞观之治（这个词出自《易经·系辞下》，所谓"天地之道，贞观者也"），使各方之士投效朝廷仿佛万途同归。曹操光大其德行，如同日月一样，光辉覆盖了世界。他成就大功于天下九州，本就为举世之人所共同推戴。

作为一个东吴人，称赞曹操的兵威，倒是本来就极有经验。因为只有把曹操说得所向无敌，接下来才好话锋一转，炫耀周瑜赤壁之战的功绩。但这一次，陆机关注的焦点，却并不在此。

打动陆机的，是曹操临终之前的样子。曹操抱着小女儿，指着小儿子曹豹，对四个年长的儿子说："以累汝！"他们以后就辛苦你们了，说着，就流下泪来。

曹操还自己安排了姬妾们日后的生活：

> 吾婕好妓人，皆着铜爵台。堂上施八尺床，穗帐，朝

哺上脯糒之属。月朝十五，辄向帐作妓。

我的女人们，就都安置在铜雀台上。台堂上放一张八尺的床，挂上穗帐，早上和傍晚，给我供上干肉干饭之类。每月初一、十五两天，就让妓人对着穗帐展示一下才艺吧。

这话牵涉到曹操开创的魏晋节葬传统。汉承秦制，皇陵都有园寝，帝王生前宠爱的女人，大量被安置在里面。一部叫《汉武帝故事》的书写道，汉武帝信神仙，所以死后还常来宠幸这些女人"如平生"。显然，诸如此类的传说会使后来的帝王把女人安置到园寝的积极性越发提升。

但曹操遗令，丧事一切从简，墓中"无藏金玉珠宝"，也没有庞大的园寝安置太多的女人。

曹操戎马倥偬手不释卷之余，生了二十几个儿子和数量不明的女儿，精力显然极为旺盛。曹操好色的段子，也广为流传。曹操曾经高调宣称，自己去世之后，会让姬妾们都改嫁，向新丈夫和其他人宣传自己是汉室忠臣。现在，也许毕竟是放不下这些女人，也许是明知儿子马上就要改朝换代，这话不便再提，总之，曹操改了主意。

那就把铜雀台当作自己的园寝吧。

但《遗令》更打动陆机的，其实是后面的话：

第三章　在历史与"演义"之间

余香可分与诸夫人。诸舍中无所为,学作履组卖也。吾历官所得绶,皆着藏中。吾余衣裘,可别为一藏。不能者兄弟可共分之。

我那些多余的香料,可以分给众位夫人。闲居无事的时候,让她们去学习编织鞋上的丝带去卖。我历来做官所得的绶带,都藏于一处。我留下来的衣裘,可以另外收藏。实在做不到的话,你们兄弟几个可以共同分掉。

这话里的衣服恐怕并不是指衣服。历史上的刘备并没有说过妻子如衣服,曹操这里,恐怕倒真是拿衣服说女人。

他害怕儿子们要来分掉自己的女人。他说是"不能者兄弟可共分之",其实正是乞求他们不要分掉。

然而他的这个遗愿没有实现。

曹操去世后不过七年,他的儿子魏文帝曹丕病危。曹操的妻子,曹丕的母亲卞氏来探望病情,她发现儿子身边伺候的女人,正是丈夫当年所宠幸的,于是问道:"你们是什么时候来到这里的?"得到答复是:"正伏魄时过。"

伏魄也就是复魄,这是人刚刚咽气时的一个仪式。也就是曹操才死,人拿着他的衣服爬到屋顶上,高喊"魂兮归来"的时候,曹丕就把这些女人接手了。

陆机说:"亡者可以勿求,存者可以勿违,求与违不其两伤乎？"曹操应该知道儿子的品性，本就不该提出这个要求，曹丕几个也可以克制一下不要违背父亲的意愿。曹操你这一开口，不是让父子两个都受到伤害吗？

理性上，陆机无疑认定曹操这话就不该说，"彼裘绂于何有，贻尘谤于后王"，拿这些衣服绶带的说事，又有什么意思呢？不过是让后来的帝王耻笑你没有格局罢了。然而陆机就是与曹操很有共情，凄伤起来："嗟大恋之所存，故虽哲而不忘"。人总有最留恋的东西，再聪明又有什么用呢？

"威先天而盖世，力荡海而拔山"，陆机在曹操身上，看到了极致的强大与威势；"迄在兹而蒙昧，虑噤闭而无端"，又看到了极致的脆弱与执迷。这两种相反的特质奇妙地结合在曹操身上。

当然即使不考虑这些，铜雀台歌妓的传说，体现着雄性裸猿无边的占有欲望，也极容易撩动诗人的创作热情。从南朝到唐代，"铜雀伎"成了一个烂熟的题材，或者说"宫体诗"的一种类型：荒废的高台，西陵的丘墓，和夕阳、残月、松涛、漳水……几个意象翻来覆去地组合，就算创作了一首首新诗。曹操是铜雀台的主人，这点经常被淡化，曹丕早已把台上最美的女人带走，更被遗忘得干干净净。诗人们总是沉浸于这种想象：幽囚于高台上的女人，有多么孤单寂寞。

陆机写《吊魏武帝文》后，又过去将近八百年，一个比陆机更加天才横溢的文人,在一个错误的地点想起了曹操,并把曹操最优秀的诗作《短歌行》放到一个错误的时间,写出了一篇更能体现曹操身上贯注着两种相反的极致的文章。

那就是苏轼的《赤壁赋》。

苏轼被贬黄州期间,听到当地人传说,这一带有三国时的赤壁古战场。照例,才华无限的苏轼不太计较此说是否真确,反正诗情与哲思因之喷薄而出。

苏轼在《赤壁赋》中这样写道:

> 客曰:"'月明星稀,乌鹊南飞',此非曹孟德之诗乎?西望夏口,东望武昌。山川相缪,郁乎苍苍,此非孟德之困于周郎者乎?方其破荆州,下江陵,顺流而东也,舳舻千里,旌旗蔽空,酾酒临江,横槊赋诗,固一世之雄也,而今安在哉?"

曹操的《短歌行》创作时间不明,因为全诗的内容似乎并不通贯,更增加了推定的难度。但无论如何,"月明星稀,乌鹊南飞"这几句,不但符合苏轼此时处身的情境,而且这个孤寂凄清的意象,嵌入赤壁曹军无比壮盛的军容,如同传神阿堵,一下子使得简单的热闹喧嚣,变得意味深长,与不久之后的樯橹灰飞烟灭之间,更打通了一个奇异的精神通道。苏轼的这个创造性处理,确实担得起"文境邈不可攀"的评价。

所以,后来《三国演义》理所当然接受了《赤壁赋》的说法,曹操在功业极盛之时,酾酒临江,横槊赋诗写出这样的辞句,这个姿态从此定格。

苏轼创作《赤壁赋》之前一千五百多年,赤壁之战前将近七百年,波斯王薛西斯一世征伐希腊。不论是声威还是实力,波斯王都比曹操更为强盛,而他的大军要做的,不是穿越江河,而是要横渡碧波荡漾的爱琴海。

传说,在渡海前的一刹那,波斯王看着自己像海洋一样浩瀚的军队,突然怆然泣下,他说:"悲悯之感涌上我的心头。人的一生是何其短暂啊!看着黑压压的人群,百年之后,就没有一个人还活着了。"

后来他像曹操一样,遭到了惨痛的失败。

对照这样的故事,会使人不禁感受到,一世之雄,而今安在的追问,真是小小寰球上全体人类共同的迷思与伤情。

《东坡志林》是苏轼随手写下的札记,研究《三国演义》的文章经常会提到,其中引述过这样一条:

> 涂巷中小儿薄劣,其家所厌苦,辄与钱,令聚坐听说

古话。至说三国事，闻刘玄德败，颦蹙有出涕者；闻曹操败，即喜唱快。以是知君子小人之泽，百世不斩。

家有熊孩子，家长烦了，就给他两个钱，让他去听说书。讲三国故事，听说刘备败了，孩子就紧皱眉头有急哭了的，听说曹操败了，就开心得不得了。可见，是君子是小人，多少代以后，人们还记得。

这是民间很早就有尊刘反曹心态的重要记录。有学者因为《赤壁赋》的描写，就认为苏轼推崇曹操，因而否认《东坡志林》是苏轼的作品。其实，《志林》的著作权固然可以讨论，但若认为苏轼是曹粉，那就大错特错。

写起史论文章来，苏轼可以算顶级曹黑。一般历史学家痛恨曹操的为人，对曹操的才能倒多半不得不佩服。但身上总是闪耀着自信光芒的苏轼，对曹操的能力也不怎么瞧得上。他在《魏武帝论》中说，夏商周三代之后，"道术政教无以相过"，言下之意是历朝历代的皇帝其实没几个好人，所以谁得天下，比的就是谁更奸诈和暴力，曹操没能一统天下，可见论"诈力"其实曹操也不过如此。刘备是个反应慢的，孙权是个胆子肥的，所以打刘备出手要快别让他做好准备，打孙权要全力以赴慢慢来但不要吓他。可是，曹操用打孙权的办法去打刘备，用打刘备的办法去打孙权，结果都失败了。

归根结底，曹操"长于料事而不长于料人"，所以不能一统天下，也就是注定的了。

苏轼特别推崇被曹操杀掉的孔融，在一篇歌颂孔融的文章里，苏轼为曹操发明了一个非常有表现力的外号，"鬼蜮之雄"。在著名的《江城子·密州出猎》里，苏轼写"亲射虎，看孙郎"，把自己比作孙权，其实苏轼还曾模拟孙权的口吻，写过一封给曹操的信，把曹操的劣迹一顿狂喷。这封信要是穿越回三国时代，曹操看了或许还没什么（毕竟他经常被骂），孙权肯定要被吓得不轻，想悄咪咪把曹操架到炉火上烤的孙权，真心不敢这么直白。

简单说就是，苏轼的人格也有许多个棱面，写评论员文章的苏轼，对曹操憎恶鄙薄已极；但文人苏轼，却会被曹操打动。这种状态，倒是和陆机一模一样。

曹操身上有种特别能打动文人的特质。曹操是建安文学的中心，身边围绕着当时第一流的诗人和作家，他们未必都了解曹操，但曹操无疑很了解他们。曹操熟悉他们繁复而华丽的文学技巧，又反其道行之，所以曹操的诗文，格调高古而雄劲悲凉。曹操知道什么话是他们想说又不敢说的，于是常能一语道破。

鲁迅谈曹操的文章，特别强调一个特点，就是"通脱"。

他又解释说,"通脱即随便之意",曹操"胆子很大,文章从通脱得力不少,做文章时又没有顾忌,想写的便写出来"。

"想写的便写出来",这话说来容易,做起来却很难。因为如果思想没有超越凡俗的地方,怎么想就怎么写,做出来的就是灌水文章。今天我们不妨望文生义,把"通脱"两个字拆开来解释:通是通透明白,脱是洒脱随便。迅翁不强调明白,是明白人谈明白人,反而不必说得太明白。

明白人是很多的,具体领域内有小明白,观照家国兴亡的有大明白,混体制混职场混圈子,自自然然就会产生许许多多不同层次的明白人,对各种规则潜规则烂熟于心,钻营其间游刃有余。庄子讥讽的"知效一官、行比一乡、德合一君、而征一国者",说的就是这些大大小小的明白人。

这种人通而不脱,在社会的罗网中越如鱼得水,就越是尘网中人。

与此形成鲜明对照的是,遍布于文学史的那些光辉灿烂的名字,则往往脱而不通。譬如能说出"举世皆浊我独清,众人皆醉我独醒"这样的话的人,自然非一般社会规则所能束缚,但四处碰壁无路可通,也就是当然的结果了。

通而能脱,既脱且通,这样的人物当然极有魅力。只通不脱的套中人,早晚会觉得自己活得压抑,于是羡慕曹操那种潇洒放恣的状态;只脱不通的话,那就只能感叹"文能穷人",

"我被聪明误一生"，内心深处，恐怕还是难免要渴望事功。

通脱的状态，在实践中可能非常可怕，比如怎样既大肆摧毁破坏，却显得既率性又深情，就不妨说也是一种通脱。汉末乱世，曹操既是最凶残的屠伯，又是最悲凉慷慨的吟游诗人，这两个形象让后世有些论者感到无法兼容，但在曹操却一切自然而然。

文人可能是最不能抵御这种诱惑的群体。精明如鲁迅，一方面很清楚以自己爱吐槽打脸的脾气，如果遇到曹操，多半会被他杀了，但另一方面也毫不掩饰对曹操的推崇。文学评价，本不能以现实的利害计算。

巴依老爷曹操

1959年的春天，掀起了一股为曹操翻案的热潮，郭沫若、翦伯赞等学界权威都写了文章发表在《人民日报》或《光明日报》上。

翦伯赞在《应该替曹操恢复名誉》一文中说道：

> 《三国志演义》的作者……知道曹操并不如他所说的那样坏，那样愚蠢无能，但是为了宣传封建正统主义的历史观，他就肆意地歪曲历史，贬斥曹操。他不仅把三国的

历史写成了滑稽剧，而且还让后来的人把他写的滑稽剧当作三国的历史。

这话一个有趣的地方是，翦伯赞认为《三国演义》把曹操写得"愚蠢无能"，而《三国演义》的读者，恐怕大多数都不会有这个感受。以翦老的位望学问和研究领域，本是不必仔细阅读《三国演义》的。所以我有点疑心，他可能是先存了"各种三国题材的戏曲、曲艺都深受《三国演义》影响"这个假设，然后把从戏曲、曲艺中得来的印象，认为是《三国演义》创造的。

这个假设当时非常流行，现在影响也不小，但却是有问题的。民间的戏曲、曲艺与《三国演义》之间固然不乏互动，但自有一个相对独立的口耳相传的传统。

首先要说明的是，从元杂剧到上世纪五十年代，更民间的文艺，对曹操兴趣远不如《三国演义》高。

一出戏，不能完整表现三国历史，只能搬演某个三国故事，结果是，关于刘备集团的剧目，占了三国戏的绝大部分。

元杂剧中，现存完整的三国戏有二十一种：

《关大王单刀会》
《刘玄德独赴襄阳会》

《醉思乡王粲登楼》

《虎牢关三战吕布》

《刘玄德醉走黄鹤楼》

《诸葛亮博望烧屯》

《关云长千里独行》

《锦云堂暗定连环计》

《曹操夜走陈仓路》

《阳平关五马破曹》

《走凤雏庞统掠四郡》

《周公瑾得志娶小乔》

《张翼德单战吕布》

《莽张飞大闹石榴园》

《关云长单刀劈四寇》

《寿亭侯怒斩关平》

《刘关张桃园三结义》

《张翼德三出小沛》

《张翼德大破杏林庄》

《两军师隔江斗智》

《关张双赴西蜀梦》

这当中，十八种都以刘备集团为主，曹操作为陪衬或反面角色才得以出现。余下三种，一出讲吕布与貂蝉，一出讲周瑜和小乔，还有一出《醉思乡王粲登楼》，属于脑洞大开的原创剧情。

此外还有残缺的或失传但存目的三国题材杂剧数十种，一样是刘备集团占绝对主导地位。

明清的三国戏曲仍然是如此，基本不会以曹操为中心，只有讲文姬归汉的故事时，曹操才会以稍微正面一点的形象出现，而这个故事，在《三国演义》中却又只是无关紧要的一笔。还有几出关于铜雀台的戏，是和诗歌传统衔接的风月题材，和《三国演义》没什么关系。清代长达240本的宫廷大戏《鼎峙春秋》，是试图完整讲述三国故事的，但以曹魏为主的情节，往往被大段省略。

其实直到当代，一定程度也仍然如此。张国良先生说三国的长篇苏州评话，从千里走单骑开始，到水淹七军结束，中间跳过了袁曹决战官渡，也跳过了曹操潼关大战马超。袁阔成先生的评书三国，是比较忠于《三国演义》原著的，曹操的形象也比较正面，不过这部深受欢迎的现代评书，其实跳到了三国评书传统之外，圈里人往往会说，袁说三国"没传授"。

评价这些戏曲曲艺里面的曹操，说一句愚蠢无能，倒大概是合适的。

《虎牢关三战吕布》《关云长单刀劈四寇》《张翼德三出小

沛》等几出戏里,曹操和刘备是朋友,人还算不错,不过能力被大幅缩水,曹营众将,更基本没什么用。

《单刀劈四寇》里,四寇指李傕、郭汜、樊稠、张济,他们在董卓死后造反,吕布因为流鼻血不能作战,带着貂蝉跑了。于是董承出长安寻访救兵,先找到曹操。结果曹操手下曹仁(总是自称"大汉曹仁")、许褚(外号"九牛")、曹彰(外号"铁笠子",按说这时才是个几岁大的孩子)、曹霸(不知道是谁,想必不是那位唐代的画家)等人都被四寇战败。刚巧关羽回乡祭祖经过,仗义出手,"一口刀超古越今,将四寇一刀一个都劈了"。

这出戏里没出场的曹将,往往更废物,如《莽张飞大闹石榴园》里,净扮夏侯惇出场,自我介绍云:

> 湛湛青天够不着,躧着梯子望上瞧。两轮日月仔细看,原来是陀枣儿糕。某乃夏侯惇是也,每回临阵,唬的我放屁。战策兵书,到了不济。某佐于曹丞相麾下,为前部先锋之职。今日正在将台上,我们放鹞儿耍子,不知道哪个没天理的,打个坠儿,把鹞儿落在哈密里去了。今有小校来请,丞相呼唤,不知有甚事?须索走一遭去。可早来到也。小校报复去,道有夏侯惇大叔来了也。

第三章 在历史与"演义"之间

这里他自称"大叔",后文又自称"老夏"(竟然不是"老夏侯")。总之,完全走活宝路线。苏州评话里,夏侯惇还是这个风格,口头传统,稳定性实在也不容低估。

总之,关羽一人,战斗力超过曹营名将的总和,张飞当然也有此实力。这个设定,又自然会影响后续情节的发展。

《莽张飞大闹石榴园》对应"青梅煮酒论英雄"的情节,不过离开史实更远。曹操要杀刘备,于是请刘备到石榴园凝翠楼喝酒,暗中埋伏下刀斧手,到时候"罗织他些风流罪过",取刘备性命。

刘备孤身来了,负责倒酒的是杨修。曹操想把刘备灌醉,让杨修给自己倒半杯,给刘备斟满。可是杨修心里向着刘备,就只给刘备倒八分满,给曹操斟满,又说"英雄不喝凹面钟",忽悠曹操干杯。

于是进入论英雄环节,刘备举例说谁英雄,曹操评价刘备说得对不对。刘备说得对,则刘备喝三杯酒,罚曹操喝三杯凉水;刘备说得不对,则刘备喝水曹操喝酒。于是刘备说吕布是英雄,又说项羽是英雄,都被曹操轻而易举驳倒了,结果曹操就不停喝酒,刘备轻轻松松喝水。

曹操快喝高了的时候,终于醒过味儿来,吩咐把杨修打出去,逼问刘备,你也别举例了,就说我们俩谁是英雄。刘备继续忽悠不正面回答问题,把曹操气得拍桌子怒吼,刘备捂住耳朵说："我怕打雷。"夏侯惇傻乎乎地说，刚才好像是打雷了。

曹操继续发飙，说我要把你困死在楼上！刘备倒是很淡定，说我兄弟要是在就好了，我一个人可出不去，我酒劲上来了，我就睡会儿吧。

这时候关羽、张飞到了，曹操设的伏兵一点用没有，被张飞冲上楼来，夏侯惇挨了张飞一顿打，"恰便似小鬼儿撞见了哪吒"——元代的哪吒还长得很凶恶，这倒是又提供了一条证据。

于是张飞开唱，吹自己兄弟的功绩，骂曹操的劣迹。唱过爽完了，刘关张就回家睡觉了，留下曹操感叹："用尽自己心，笑破他人口。"

张飞虐过曹操了，关羽也不能闲着，代表作如《关云长千里独行》。

关羽降曹的故事，按照历史，是曹操把关羽抓住，于是关羽就暂时投降；《三国演义》给关羽做脸，写关羽中计被困土山，张辽来游说，于是约三事降汉不降曹。按照《演义》的写法，张辽和关羽本来就有交情，张辽的说辞也很有道理。关羽降曹，就不但不是经历中的污点，相反是顾全大局，有忠义的闪光。

杂剧也是要捧关羽的，麻烦是曹营众将实力太弱，根本不足以把关羽围困，那怎么办呢？

于是让曹操假扮刘备，混入徐州城，绑架甘糜二夫人出城，这才逼关羽投降。

之后，自然是曹操待关羽很好，但关羽终于得到了刘备消息，还是要走，于是发生如下剧情：

（曹末云）谁想云长领着他家小，往古城寻刘玄德去了。我这般相待，他不辞我去了，更待干罢。唤将九牛许褚来。

（许褚上，云）马不吃草，都把来瘦了。某九牛许褚是也。今有丞相呼唤，须索走一遭。报复去，道有许褚来了也。（卒子做报科）（做见科）丞相唤许褚有甚事？

（曹末云）许褚，我唤你来，别无甚事。因为关云长背了某，将领着他三房头老小，不辞我往古城去寻刘备去了。我今唤你来商议。

（许褚云）丞相，俺如今领大势军兵赶上，活拿的云长来。

（张辽云）丞相，咱不可与他交锋。想云长在十万军中，刺了颜良，诛了文丑，俺如今领兵与他战，丞相也枉则损兵折将。

（曹末云）似此怎生擒的云长？

（张辽云）丞相，俺如今则可智取。

（曹末云）你有何智量？

（张辽云）我有三条妙计，丞相领兵赶上云长，则推与他送行。丞相若见云长，丞相先下马，关云长见丞相下马，他必然也下马来。若是云长下马来，叫许褚上前抱住云长，着众将下手。第二计，丞相与云长递一杯酒，酒里面下上毒药。第三计，丞相把那西川锦征袍，着许褚托在盘中。丞相赠与云长。云长见了，必然下马来穿这袍。可叫许褚向前抱住，众将下手。恁的方可擒的云长。

（曹末云）张文远此计大妙，料想云长出不的我这三条计也。则今日领兵十万，赶云长走一遭去。我驱兵领将逞英豪，我这三条妙计他决难逃。擒住云长必杀坏，方显曹公智量高。（下）

当然，这三条妙计一一落空。

第一计，曹操下马了，关羽就是不下马。

第二计，曹操请关羽喝酒，关羽说你先喝。曹操犹豫，许褚说没事，咱们有解药，于是曹操就把毒酒喝了。但许褚说太大声，关羽听见了，自然就不喝了。所以曹操白喝了一杯毒酒。——灞桥这场戏，京剧里还有，有点小改动。关羽说我在曹营全靠青龙刀建功，这杯酒就请刀喝吧。于是酒往刀上一倒，火光迸现，酒里有毒就暴露了。

第三计，关羽用青龙刀挑袍，还是没下马，所以又破了。

当然，元杂剧的作家毕竟没正经，他们塑造的关羽也挺没溜的。面对曹操递上来的锦袍，关羽是很动心的：

（关末云）我待下马去，则怕中他的计策；我不待下马去，可惜了一领锦征袍。你听者，关羽从来性粗豪，哎！你个贤达嫂嫂莫心焦。上告孟德休心困，刀尖斜挑锦征袍。

后面古城会斩蔡阳的时候，关羽更缺德。曹营名将都已经被丑化得不行了，曹操手下也不能一个能打的都没有，于是蔡阳就成了顶尖高手了：

（蔡阳上，开云）三尺龙泉万卷书，皇天生我意何如。山东宰相山西将，彼丈夫兮我丈夫。某姓蔡名阳，字仲咸，关西人氏。十八般武艺无有不抡，无有不会。某身披二铠，刀重百斤，马行千里，但寸铁在手，有万夫不当之勇。

照这个形容，评书里蔡阳是"北地刀王"的说法，元杂剧里虽然还没有，但也呼之欲出了。

古城蔡阳追上关羽，关羽知道他不好对付，于是说，你远道而来，歇会儿吃个饭吧。我们听鼓声：头一通鼓响，埋锅造饭；第二通鼓响，披衣擐甲；第三通鼓响，咱两个交锋。

蔡阳信了，于是脱了铠甲做饭，结果第一通鼓响，关羽就冲过来，一刀把蔡阳斩了。

后面《博望烧屯》《阳平关五马破曹》（还有《曹操夜走陈仓路》其实讲的是一件事）这些戏里，曹操还要反复被刘备阵营虐。这样的戏里，曹操是真"愚蠢无能"，当然，其实蠢得也挺可爱的，曹操就像阿凡提故事里的巴依老爷。

民间文艺里曹操走了蠢萌路线，倒也未见得是对历史人物曹操有太大意见。可能单纯就是从演出考虑。曹操是反派是确定的，设计一个大阴谋，塑造高智商的反派需要一种才能，推出低智商大坏蛋制造喜剧效果，需要另外一种才能。民间作家可能后一种才情更丰富些，而且看今天的爆米花电影就知道，后一种故事受众面还更广一些。

翦伯赞先生的文章里，还有一段这样的形容：

> 看了曹操的脸谱就令人联想到用石灰粉刷过的墙壁。戏剧家用这样令人可憎的苍白的颜色，表示曹操的冷酷，再用墨笔在他脸上画上几条黑线，表明他的奸诈阴险。……最近我们高兴地从新编的《赤壁之战》中看到曹

第三章　在历史与"演义"之间

操的脸色已经有了一点变化，在他那苍白的脸上已经透出了一点红色，虽然透出的红色是很淡很淡的，但是戏剧家敢于在曹操脸上涂上一点红色，这就说明了曹操在舞台上翻身已经有了一线希望了。

其实，相比元杂剧之类的作品，曹操脸上这一抹淡淡的红色，恰恰就来自《三国演义》。

奸诈是这样的使人快活

司马光说，有才无德往往是"人之所爱"，这是揭发了一个重要的事实。作为一个道德感强烈的历史学家，他不喜欢这个事实，但事实不会因此改变。

曹操以奸诈著名，于是大量或真或假的奸诈故事，就都堆积到他的身上，但这算不算是一种丑化，却有点难说。"有才"是人向往的能力，"无德"意味着你不必再压制自己的欲望，因为只要你不碰巧就是受害人，看表现人物奸诈的故事，把自己代入那个作恶者，往往是一种非常愉快的体验。

当历史书被当作文学作品阅读的时候，这一点就变得格外突出。文学是"道德悬置的领域"，读者可以更加无拘无束地表达这种喜爱。

也许需要补充说明一句,这种爱好是人性而不是国民性问题。俄底修斯(或译奥德修斯,或者从拉丁文音译过来则是尤利西斯)是希腊神话里重要人物,经常还被人称为是"西方精神的象征"。这个人物的特点是足智多谋,但只要稍微读读史诗《奥德赛》里故事,就会发现俄底修斯的智谋,绝不是诸葛亮式的聪慧,而正是曹操式的奸诈,这个人物之所以具有强大的吸引力,正在于他百折不挠的意志,俊爽通脱的性情和超迈绝人的奸诈相结合,并常常肆无忌惮地践踏道德底线。一部西方文学史读下来,不同层次的奸诈人物,可不是一道靓丽的风景线,而是一片广袤无垠的自然生态保护区。

一部吴人创作,据说对曹操抱有很大敌意的作品《曹瞒传》,为我们保存下来这样一些曹操的事迹:

> 太祖少好飞鹰走狗,游荡无度,其叔父数言之于嵩。太祖患之,后逢叔父于路,乃阳败面喎口。叔父怪而问其故,太祖曰:"卒中恶风。"叔父以告嵩。嵩惊愕,呼太祖,太祖口貌如故。嵩问曰:"叔父言汝中风,已差乎?"太祖曰:"初不中风,但失爱于叔父,故见罔耳。"嵩乃疑焉。自后叔父有所告,嵩终不复信,太祖于是益得肆意矣。

曹操小时候喜欢胡搞瞎搞，叔叔经常向爸爸曹嵩检举这熊孩子的劣迹。曹操就在叔叔面前假装中风，骗得叔叔赶紧通知曹嵩来瞧儿子的病。面对父亲，曹操说，我本来就好好的，叔叔不喜欢我，所以骗您罢了。从此，曹嵩不再相信叔叔的举报，曹操也就可以为所欲为。

公闻攸来，跣出迎之，抚掌笑曰："子远，卿来，吾事济矣！"既入坐，谓公曰："袁氏军盛，何以待之？今有几粮乎？"公曰："尚可支一岁。"攸曰："无是，更言之！"又曰："可支半岁。"攸曰："足下不欲破袁氏邪，何言之不实也！"公曰："向言戏之耳。其实可一月，为之奈何？"攸曰："公孤军独守，外无救援而粮谷已尽，此危急之日也。今袁氏辎重有万馀乘，在故市、乌巢，屯军无严备。今以轻兵袭之，不意而至，燔其积聚，不过三日，袁氏自败也。"公大喜……

官渡之战时，袁营过来的许攸投奔过来，曹操兴奋得光着脚出来迎接他，说："你来了，我的大事就成功了。"许攸问曹操："你还有多少粮食？"曹操说："还够一年。"许攸说："没这么多，重说。"曹操说："半年。"许攸说："你不想破袁绍了吗？为什么不说实话？"曹操这才交底："刚才开玩笑，其实就剩一个月的粮了,我该怎么办呢?"

曹操对许攸一边显得极其热络信任,一边却半句实话没有,被戳穿后脸一点也不红,第二个谎言接着上,心理素质真是杠杠的。

> 常出军,行经麦中,令:"士卒无败麦,犯者死!"骑士皆下马,付麦以相持,于是太祖马腾入麦中,敕主簿议罪。主簿对以《春秋》之义,罚不加于尊。太祖曰:"制法而自犯之,何以帅下?然孤为军帅,不可自杀,请自刑。"因援剑割发以置地。

一次曹操出兵经过麦田,下令说:谁敢伤害麦苗,就是死罪。于是骑兵都下马步行。但曹操自己的马却惊了,跳入麦田之中。手下人说,按照《春秋》教导我们的大原则,尊贵的人犯法可以没事。可是曹操说,自己制定的法律自己却违背它,还怎么带兵?于是拔剑割断自己的头发代替斩首。

> 常讨贼,廪谷不足,私谓主者曰:"如何?"主者曰:"可以小斛以足之。"太祖曰:"善。"后军中言太祖欺众,太祖谓主者曰:"特当借君死以厌众,不然事不解。"乃斩之,取首题徇曰:"行小斛,盗官谷,斩之军门。"

曹军粮食不足，问主管官员："应该怎么办呢？"主管官员说："用小斛发放粮食，就够数了。"曹操同意了。军中都吃不饱，怨声沸腾。曹操于是对主管官员说："借你的命来服众吧，不然这事没法了局。"于是就杀了他，宣称是此人克扣军粮中饱私囊。

可以随便找一下曹操的粉丝，讲讲此类故事，再看他们的反应：是愤然辟谣，表示这些故事《三国志》正文没有采纳，所以不是事实呢？还是其实就是因为喜欢这些故事，才喜欢曹操的呢？

《世说新语》里有一篇《假谲》，收录各种欺骗诡诈的故事。开头五个故事，主人公都是曹操，其中一个是：

> 魏武少时，尝与袁绍好为游侠，观人新婚，因潜入主人园中，夜叫呼云："有偷儿贼！"青庐中人皆出观，魏武乃入，抽刃劫新妇与绍还出，失道，坠枳棘中，绍不能得动，复大叫云："偷儿在此！"绍遑迫自掷出，遂以俱免。

曹操和袁绍年轻的时候，一起去抢人家的新娘子，逃跑时却迷了路，袁绍摔倒在荆棘丛中，动弹不得。

曹操故意大喊："偷新娘子的贼在这里！"

袁绍吓坏了，瞬间被激发出最大潜能，他一跃而起，好像是把自己扔出来的。

这个故事表现了曹操的机警和袁绍的笨拙，并且好像预示着未来官渡之战的结局。——可以想象，袁曹之争如果最终胜利者是袁绍，这个故事留下来的一定会是另外一个版本。

如果站在新娘子的角度看这个问题，这次劫持是一个非常恐怖的事件，她最终命运如何，也没有人知道。如果讲这个故事的时候，有人问一句："那个可怜的女孩儿后来怎么样了？"是一件非常扫兴的事情。相反，像易中天老师这样，讲完这个故事再评论一句："男孩子小时候不调皮捣蛋，将来没出息。"这才是正确的打开方式。

《世说新语》的编撰者，显然也是这么想的。在他眼睛里，这个故事是假谲，夜梦杀人也是假谲，望梅止渴也是假谲……如果站在道德的立场上看，这个故事和夜梦杀人都应该批判，而望梅止渴不妨作为"善意的谎言"加以赞美，但《世说新语》根本没打算做这个区分。《假谲》篇里还收入了王羲之（其实不是他）假装烂醉骗过王敦的故事，温峤用玉镜台成就姻缘的故事，谢安用小赌怡情的方式帮助谢玄改掉女性化生活习惯的故事……总之，就是这些骗人的故事都很有趣，什么道德什么意义还有什么历史正确性，都随它去吧。

当然，大多数中国作家还是更喜欢"劝百讽一"的表现方式：津津乐道讲述完奸诈的故事，最后加一句批判，这人可真坏啊。但这样的作品能够流传不衰，当然还是靠的故事而不是教训。

《三国演义》诞生之初，显然就有意识和平话、杂剧里的丑角曹操拧着来的，要"还原历史"。但罗贯中所理解的历史，当然和今天的历史学家大不相同。属于文言文系统的杂史、小说之类，相比口耳传播的故事，显得很有历史感。

于是，前面提到的这些故事大多被采纳进了《三国演义》。《演义》通过修正、加工其中的一些细节，把曹操变得更奸诈了。

清代毛宗岗评点《三国演义》，提出三国有三绝：诸葛亮智绝，关羽义绝，曹操则是奸绝。为了突出曹操的奸诈，他发了一大通议论，值得特别引出：

> 历稽载籍，奸雄接踵，而智足以揽人才而欺天下者，莫如曹操。听荀彧勤王之说而自比周文，则有似乎忠；黜袁术僭号之非而愿为曹侯，则有似乎顺；不杀陈琳而爱其才，则有似乎宽；不追关公以全其志，则有似乎义。王敦不能用郭璞，而操之得士过之；桓温不能识王猛，而操之知人过之。李林甫虽能制禄山，不如操之击乌桓于塞外；

韩侂胄虽能贬秦桧，不若操之讨董卓于生前。窃国家之柄而姑存其号，异于王莽之显然弑君；留改革之事以俟其儿，胜于刘裕之急欲篡晋：是古今来奸雄中第一奇人。

史书里奸雄一个接一个，但才智足以延揽人才而欺骗天下的，没谁比得上曹操。

荀彧劝他勤王，他就自比周文王，那意思是三分天下有其二了，都还是甘心做商朝的臣子的，似乎是忠臣啊！

袁术称帝了，他就去讨伐，而说到自己的人生志向，不过想封侯罢了，似乎很恭顺啊。

陈琳骂他骂那么狠，但曹操爱惜陈琳的文才，于是就不杀他，似乎很宽容。

关羽从曹操身边逃开去找刘备，曹操为成全他的志向，并不去追，似乎很义气。

做奸雄不能做到看起来忠顺宽义俱全，那就不是曹操了。

于是又拿曹操和历代奸臣比较。

东晋的王敦、桓温，都错过了了不起的人才，哪像曹操这么能慧眼识人，差远了。

李林甫在，安禄山就不敢反，从压制胡人的角度说，够厉害了。但曹操直接远征乌桓把人给打残了，你比得了吗？

韩侂胄贬斥了秦桧，很了不起，但那会儿秦桧死多少年

第三章　在历史与"演义"之间

了,哪里及得上曹操在董卓生前就讨伐了他?

曹操掌握国家大权,但也只是把皇袍当内衣穿,没弑君,没篡位,比王莽、刘裕这些猴急难看的,那更是不知道高到哪里去了。

总之,曹操是"古今来奸雄中第一奇人"。

所以,《三国演义》把曹操的奸雄形象塑造得如此兼容并蓄气象万千,曹操因此是变得更坏了,还是更讨人喜欢了呢?

这两个结果,不妨同时是事实。

至少,毛宗岗自己就按捺不住对曹操的喜爱。他评点曹操的行为时,有个口头禅:"阿瞒可儿!"喊着曹操的小名说,真可爱啊。

第四章　扭曲的屠刀

鲁迅先生的讲稿《中国小说的历史的变迁》，批评《三国演义》的缺点，说了三点，其中第二、第三点都以曹操为例：

（二）描写过实。写好的人，简直一点坏处都没有；而写不好的人，又是一点好处都没有。其实这在事实上是不对的，因为一个人不能事事全好，也不能事事全坏。譬如曹操他在政治上也有他的好处……但是作者并不管它，只是任主观方面写去，往往成为出乎情理之外的人。

（三）文章和主意不能符合——这就是说作者所表现的和作者所想像的，不能一致。如他要写曹操的奸，而结果倒好像是豪爽多智……

就是说在鲁迅先生看来：曹操客观上是一个复杂的人物，罗贯中主观上却想把他写成一个简单的坏人，这是一个缺点；从《三国演义》的客观效果说，曹操被写成了一个复杂的人物，但因为作者主观上并没有想写复杂人物，这是又一个缺点。

虽然我是迅翁铁粉，但也觉得这么批评法，罗贯中蛮惨的。真想弱弱问一句："凭什么断定《三国演义》不是本来就想塑造一个复杂的曹操呢？"

不管怎么说，迅翁这段话指出：《三国演义》读下来，曹操给人的印象并不坏。

甚至于，某些角度看，《三国演义》中的曹操比之历史原型，是美化了而不是丑化了，对今天的读者而言，尤其如此。

曹操的才能与出身

《三国演义》突出了曹操的才能，渲染了曹操的性情，却淡化了出身对曹操的影响。

嘉靖本里曹操第一次出场，作者就这样介绍：

> 为首闪出一个好英雄，身长七尺，细眼长髯。胆量过人，机谋出众，笑齐桓、晋文无匡扶之才，论赵高、王莽少纵横之策。用兵仿佛孙、吴，胸内熟谙韬略。官拜骑都尉，沛国谯郡人也，姓曹，名操，字孟德……

提到赵高、王莽，当然还是认定曹操是坏人，但称曹操为"英雄"，对曹操的才能，那是高度肯定。说曹操"用兵仿佛孙（武）、吴（起）"，比《三国志》说"韩（信）、白（起）"，规格还要更高一点点，提到齐桓、晋文，则等于在说曹操匡扶天子，并不是要篡位了。

这段话毛本删掉了。但对于一部小说而言，借评论表现人物，本来就算不得高明的手法。叙事之中，有机会让曹操展示才能的地方，毛本和嘉靖本一样，并不吝啬笔墨。迅翁那个曹操"豪爽多智"的印象，就是从毛本得来的。

毛宗岗对曹操的为人，敌意是很大的，但他既然强调曹操是"古今来奸雄中第一奇人"，他再怎么"尊刘贬曹"，也不至于把曹操塑造成一个简单化的小丑，尤其是，曹操的智商一定是要保证的。

嘉靖本毕竟是小说重新向历史靠拢的起步阶段，有时难免不脱民间文化习气，把曹操写得傻乎乎的。如写刘备从曹操手下逃离，曹操派许褚去追，嘉靖本是这么处理的：

> 却说关、张正行之次，只见尘头起，谓玄德曰："此必是曹公追兵至也。"遂下定营寨围绕，令关、张各执军器，立于两边。许褚至近，见严整甲兵，入见玄德。玄德曰："校尉来此何干？"褚曰："丞相命，特来请将军回，

第四章　扭曲的屠刀

别有商议。"玄德曰:"'将在外,君命有所不受。'吾面君,况又蒙丞相之一语乎?你回去,替我禀覆丞相:有程昱、郭嘉累次问我取金帛,不曾相送,因此于丞相前以谗言谮我,故令汝赶来擒吾。吾若是无仁无义之辈,就此处砍汝为肉泥。吾感丞相大恩,未尝忘也,汝当速回,见丞相善言答之。"许褚观见关、张以目视之,连声应诺而去。

许褚回见曹操,将玄德言语细说了一遍。操唤程昱、郭嘉,责之曰:"汝于刘备前觅金帛不从,因此含冤于心,每于吾前谗言谮之,此何理也?"程昱、郭嘉以头顿于地曰:"丞相又被他瞒过去了。"操笑曰:"既彼去矣,若再追,恐成怨乎。不罪汝等,汝等勿疑焉。"二人辞去。此是曹公半疑半信。

刘备诬陷程昱、郭嘉向自己勒索,这个谎扯得荒唐无稽,傻得出圈倒也罢了,问题是曹操竟然信了。碰到这种地方,倒是多亏毛本,会给曹操的智商充值,把曹操的反应写得正常一点:

却说玄德正行之间,只见后面尘头骤起,谓关、张曰:"此必曹兵追至也。"遂下了营寨,令关、张各执军器,立于两边。【毛夹批:如欲厮杀状,掩卷猜之,必谓

曹操篇

下文与许褚交战矣。】许褚至，见严兵整甲，乃下马入营见玄德。玄德曰："公来此何干？"褚曰："奉丞相命，特请将军回去，别有商议。"玄德曰："'将在外，君命有所不受。'吾面过君，又蒙丞相钧语。今别无他议，公可速回，为我禀复丞相。"【毛夹批：数语亦不激不随。】许褚寻思："丞相与他一向交好，今番又不曾教我来厮杀，只得将他言语回复，另候裁夺便了。"遂辞了玄德，领兵而回。【毛夹批：许褚一来，如江潮忽起；许褚一去，又如江潮忽落。】回见曹操，备述玄德之言。操犹豫未决。程昱、郭嘉曰："备不肯回兵，可知其心变矣。"操曰："我有朱灵、路昭二人在彼，料玄德未必敢心变。【毛夹批：遣二人同去之意，此处方说出。】况我既遣之，何可复悔？"遂不复追玄德。【毛夹批：了却曹操一边。】

历史上的曹操确实善于识人用人，但史书本身记录简单，《三国演义》也是大量给曹操加戏。

如徐晃本来是杨奉的部下，保汉献帝回洛阳之后，徐晃劝杨奉归顺曹操，杨奉开始答应，后来却反悔。等到曹操讨伐杨奉的时候，徐晃就投降曹操了。

这段历史记载完全体现不出曹操的为人。《三国演义》的写法则是，曹操引军护汉献帝往许都：

行不到数程,前至一高陵,忽然喊声大举,杨奉、韩暹领兵拦路。徐晃当先,大叫:"曹操欲劫驾何往?"操出马视之,见徐晃威风凛凛,暗暗称奇。便令许褚出马与徐晃交锋。刀斧相交,战五十余合,不分胜败。操即鸣金收军,召谋士议曰:"杨奉、韩暹诚不足道,徐晃乃真良将也。吾不忍以力并之,当以计招之。"

这么一写,曹操的爱才之心,跃然纸上。毛宗岗特意加批语说:"曹操见才便爱,安得不成大业。"于是派满宠去劝降徐晃,作为未来的曹营大将,徐晃也得到了相当正面的塑造:

晃沉吟良久,乃喟然叹曰:"吾固知奉、暹非立业之人,奈从之久矣,不忍相舍。"宠曰:"岂不闻'良禽择木而栖,贤臣择主而事'?遇可事之主而交臂失之,非丈夫也!"晃起谢曰:"愿从公言。"宠曰:"何不就杀奉、暹而去,以为进见之礼?"晃曰:"以臣弑主,大不义也。吾决不为。"

对比吕布杀原来的义父丁原再认董卓做新的义父,徐晃称得上光明磊落。

再如张辽。张辽在吕布手下,本有相当的独立性。曹操击败吕布后,"辽将其众降",也就是说,张辽并未被曹操擒获,而且他手下还有军队。不论张辽降曹还是曹操接受张辽的投降,都是自然不过的利害算计。《三国演义》里这段情节则变成了:

> 布回顾玄德曰:"大耳儿!不记辕门射戟时耶?"忽一人大叫曰:"吕布匹夫!死则死耳,何惧之有!"众视之,乃刀斧手拥张辽至。……操指辽曰:"这人好生面善。"辽曰:"濮阳城中曾相遇,如何忘却?"操笑曰:"你原来也记得!"辽曰:"只是可惜!"操曰:"可惜甚的?"辽曰:"可惜当日火不大,不曾烧死你这国贼!"操大怒曰:"败将安敢辱吾!"拔剑在手,亲自来杀张辽。辽全无惧色,引颈待杀。曹操背后……玄德攀住臂膊,云长跪于面前。玄德曰:"此等赤心之人,正当留用。"云长曰:"关某素知文远忠义之士,愿以性命保之。"操掷剑笑曰:"我亦知文远忠义,故戏之耳。"乃亲释其缚,解衣衣之,延之上坐。辽感其意,遂降。

虽然毛宗岗的批语提示,曹操所有的行为,本质上都体现着他的"奸",但是,这样豪迈俊爽,气量宽宏,慧眼识人,随机应变的"奸",当然都是讨人喜欢,甚至让人心折的品质。

第四章 扭曲的屠刀

还有，张辽也被写得很有英雄气概，《演义》里整个曹营的谋士、武将，气象都不错，尤其是和杂剧中漫画化的那群废物点心相对照，真可谓政通人和，百废俱兴。

再如典韦为救曹操而死，按照《三国志》记载，曹操的表现不过是"闻韦死，为流涕，募间取其丧，亲自临哭之"而已。《三国演义》则加了那句著名的台词，曹操对众将说："吾折长子、爱侄，俱无深痛，独号泣典韦也！"

更典型的还有曹操对关羽的态度。关羽建安五年正月被曹操所擒，四月杀了颜良，然后就离开回到刘备身边，在曹营不过待了几个月的时间。读《三国演义》，却感觉关羽在曹营时间很长，因为《演义》花了大量笔墨表现曹操对关羽如何优待，仅仅几个月的时间，装不下这许多好。毛宗岗又强调，曹操对关羽好的时候，夹杂着许多奸诈的算计，但把这种复杂性写出来，应该说也是使人物更生动立体，算不上丑化。

《三国演义》里曹操的恶行，哪些是史书上没有的，多年来被无数人反复念叨。以上这些美化的内容，按说同样显而易见，但被提及的频率，就低太多了。

当然，《演义》最美化曹操的地方，不是它加了哪些戏，而是它有意无意省略掉的内容。

嘉靖本曹操出场时，有一段对他家世的介绍：

（曹操）乃汉相曹参二十四代孙。操曾祖曹节，字元伟，仁慈宽厚。有邻人失去一猪，与节家猪相类，登门认之，节不与争，使驱之去。后二日，失去之猪自归，主人大惭，送还节，再拜伏罪。节笑而纳之。其人宽厚如此。节生四子，第四子名腾，字季兴，桓帝朝为中常侍，后封费亭候。养子曹嵩，原是夏侯氏子，过房与曹腾为子，因此姓曹。嵩为人忠孝纯雅，官拜司隶校尉，灵帝拜为大司农，迁大鸿胪……

这段内容，毛宗岗基本删掉，只保留了"操父曹嵩，本姓夏侯氏，因为中常侍曹腾之养子，故冒姓曹"一句，又加批语凸显尊刘贬曹的立场："曹操世系如此，岂得与靖王后裔、景帝玄孙同日论哉！"

但这里倒应该说应验了鲁迅先生的话："作者所表现的和作者所想像的，不能一致。"从客观效果论，他这一删，当然是大大美化了曹操。

嘉靖本从史书里抄来的那些赞美曹操祖宗的话，若放进具体的历史叙事里，很容易发现属于抬轿子的性质。这倒不是重点，关键是，它直接告诉你曹操出身豪门，他人生的起点，就是绝大多数人奋斗一生不可及甚至也望不到的终点，读者对他的亲近感，反而会大为降低。

宋代以来，瓦肆的听众就爱听"发迹变泰"，也就是草根逆袭的故事，现在相信"人人生而平等"的人们，当然更是如此。即使是嘉靖本，也很少渲染曹操能取得一个又一个成功，家族资源发挥了怎样的作用。——固然曹操的父亲并不怎么支持他的行动，但要是因此低估家族关系网帮曹操解决了多少问题，那就太天真了。

所以，越是像袁绍那样贬低曹操的出身，越会造成一种曹操"能力以外资本为零"的效果，也就让对此信以为真的读者，对曹操产生了一种错误的共情。

曹操与袁绍的关系

建安七子之一的陈琳，为袁绍写了讨伐曹操的檄文。曹操正患头风卧病在床，读到檄文时，猛然坐起，说："此愈我疾病。"等到曹操攻取邺城后，抓住陈琳，对他说："你为袁绍写檄文，列举我的罪名也就是了，何必牵连到我的父亲、祖上呢？"陈琳说："矢在弦上，不得不发。"

这话自然是表示，我只是个工具人，本来我是袁绍的箭矢，现在也可以是你的。曹操爱惜陈琳的才华，也就既往不咎了。

《三国演义》照录了史料中的这个故事。

陈琳的檄文确实是第一流的手笔。"壮有骨鲠"而文采粲然，痛骂曹操的短处又极其精准恶毒，仿佛庞大的仪仗队舞起绚烂的刀花炫人耳目，同时暗藏的弩手又射出一支支致命的利箭。

从这个故事看，曹操的应对更是高明至极。这段记述使人印象深刻的地方：一是曹操的宽容惜才，二是陈琳的檄文使用了一些株连亲族的下作手法，而很容易忽视掉的一点则是，陈琳列举的曹操的罪行，许多都是事实。

所以曹操问："但罪孤而已，何乃上及父祖乎！"真是好一招斗转星移，它改变了围观群众的关注焦点，陈琳檄文里那么凌厉的攻势，轻轻巧巧被消于无形。

檄文除了罗列曹操的种种暴行外，提供的最重要的信息，是彰显了曹操与袁绍之间的复杂关系。

这篇文章当然强调了袁绍对曹操的大恩大德，而"收罗英雄，弃瑕取用""谓其鹰犬之才，爪牙可任""方诘外奸，未及整训，加绪含容，冀可弥缝"……之类的话则透露出这样的信息：袁绍曾给予曹操很多支持，在当时何止不是秘密，简直众所周知。以至于袁绍在痛骂曹操是个人渣的同时，也必须向人解释，自己当初为什么会对这个人渣那么好。

王沈的《魏书》是大力美化曹操的著作，《三国志·武帝纪》作为全书第一篇，陈寿对曹操也做了尽可能正面的描述。这两份文献也承认，曹操一向与袁绍关系密切，但是强调，曹操一向表现出高于袁绍的见识，并很早就在心里与袁绍划清界限。

写到袁绍与何进图谋诛杀宦官，想召董卓进京的时候，《魏书》称，曹操当时就表示了反对，并预言了何进、袁绍一定会失败。

曹操本是宦官之后，在这个剑拔弩张的敏感时刻，发表如此言论只怕立刻会被认为立场有问题。曹操固然性格通脱，是否中二到这等地步，实在令人怀疑。所以即使是陈寿，也没敢采信这个说法。——《三国演义》对此倒是深信不疑。

到初平元年，袁绍策划立幽州牧刘虞做皇帝。陈寿说，曹操拒绝参与这个计划；《魏书》更称，曹操给袁绍写了大义凛然的信，并称"诸君北面，我自西向"，俨然已经分道扬镳。袁绍又向曹操展示一颗玉印，显然，这是皇权的信物。陈寿称曹操笑着回避了这个问题，并内心对袁绍感到厌恶；《魏书》中曹操再次大义凛然，说面对袁绍一再的篡位企图，曹操"益不直绍，图诛灭之"，曹操越来越认为袁绍不是个东西，开始图谋除掉袁绍了。

顺带一提，这个最热衷为曹操唱赞歌的《魏书》作者王沈，先是曹爽的掾属后来又投靠司马氏，也就是向司马昭告密，导致高贵乡公曹髦被杀的关键人物。赞歌唱得嘹亮和真正的忠诚，从来没有什么关系。

和热情维护曹操的王沈不同，陈寿总是试图在字里行间传达出复杂一点信息。后来，立场不那么鲜明的裴松之给《三国志》作注的时候，则放手引用各种不同观点的资料。结果综合各种零零碎碎的记录，可以发现事实与《魏书》的说法刚好相反，从初平元年（公元 190 年）开始，袁绍几乎每年都会给曹操提供至关重要的支援。

前面介绍曹操的崛起之路的时候，已经多少提到一些，这里再综合一说：

初平元年（公元 190 年）三月，曹操孤军西进讨伐董卓，结果全军尽没，之后招兵买马，又连遭挫折。只得"进屯河内"，实际上就是投奔在那里的讨董盟主袁绍。

初平二年（公元 191 年）秋，曹操在东郡一带击破黑山军十余万，"袁绍因表太祖为东郡太守"，实际上曹操的兵力很可能也部分来自袁绍。这是曹操第一次拥有自己控制的一块地盘。

初平三年（公元 192 年），青州黄巾百万涌入兖州，杀死兖州刺史刘岱。《武帝纪》称：兖州官员"至东郡迎太祖领兖州牧"，但实际上，曹操能成为一州之主，也离不开袁绍的支持。

刘岱一死，各方势力都盯上了兖州这块肥肉。公孙瓒任命自己的部下单经为兖州刺史，朝廷则任命京兆名士金尚为兖州刺史，加上曹操，兖州同时出现了三位长官。

朝廷虽然被李傕把持，但皇帝总是皇帝，金尚这个兖州刺史的合法性可说完爆曹操，而金尚又得到了袁术的支持，在袁术军的武装护送下进入兖州，他背后的军事力量也并不弱。

那么，曹操是怎么在兖州刺史的位子上坐稳的呢？《三国志·袁术传》讲得清楚："太祖与绍合击，大破术军。"他败于曹操和袁绍的联手。

至于公孙瓒任命的单经，他当时与陶谦、刘备等人合作，这事陈寿直接写在了《武帝纪》里："太祖与绍会击，皆破之。"

初平四年（公元193年），曹操为报父仇讨伐徐州之战，"绍使（朱）灵督三营助太祖，战有功"。

兴平元年（公元194年），张邈、陈宫等人策应，吕布突袭兖州，杀得曹操几乎无立锥之地。幸亏袁绍出兵支援，才重新站稳脚跟。没有袁绍，曹操就只能和袁术、吕布、公孙瓒等人并列，成为汉末群雄中被早早淘汰的一员。

然而仅仅是两年之后，曹操做了最犯袁绍之忌的事，迎接汉献帝，借皇权来压袁绍这个盟主，终于到建安五年（公元200年）官渡之战，曹操一举翻盘。

可以说，曹操是袁绍一手扶植起来的力量，最终他却消灭了袁绍，这是汉末乱世里最大规模的一次反噬。

吕布号称"轻于去就",但丁原、董卓,对他的恩义本来就有限;刘备也多次改换门庭,但不论公孙瓒、曹操,还是袁绍、刘表,都没有让刘备进入自己的权力核心,刘备离去,自然更难有太多可指责的地方(与刘璋的关系例外)。只有曹操,亲手葬送了给自己恩惠最多的人。

西方文学史上,卢梭提供了一类样本:通过夸张自己的某些恶行,来掩盖自己真正的罪恶。曹操喜欢表现得通脱敢言无所顾忌,但实际上他有自己不能面对的内心隐秘。

所以在曹魏的官方叙事当中,袁绍和曹操关系,被尽可能地抹去或者歪曲。曹操智谋百出又洒脱豪迈,"因事设奇,谲敌制胜,变化如神",不愧为"非常之人,超世之杰";而袁绍"外宽内忌,好谋无决,有才而不能用,闻善而不能纳",以至于现代有人把总是能拒绝一切正确的建议,戏称为"袁本初定律"。

《三国演义》的作者,根本没有注意到陈寿、裴松之煞费苦心留下来的蛛丝马迹,实际上在描述袁曹关系的时候,全盘接受了曹魏官宣中的曹操形象。

自己到底有没有辜负别人,曹操留下了两处极有名的言论。

一处是误杀吕伯奢一家后,曹操"凄怆曰:'宁我负人,毋人负我!'"一来这条记录十分可疑,二来曹操说话时的心情是"凄怆",也就是意外发生后的自我安慰,显然他其实并不愿意做对不起人的事。

一处是曹操临终之前，他想起了自己的原配丁夫人。丁夫人把曹操的长子曹昂（字子脩）抚养长大，后来曹昂在征张绣的时候遇难，丁夫人愤然回到娘家，一直没有原谅曹操。弥留之际的曹操说：

"我前后行意，于心未曾有所负也。假令死而有灵，子脩若问：'我母所在？'我将何辞以答！"

我一生问心无愧，没有什么对不起别人的地方。但如果人死后有灵，子脩问我："我妈妈在哪里？"我该怎么回答他呢？

这话说得是何等的至情至性，真使人觉得，他这一生，除丁夫人外没有对不起任何人。

这两句名言，《三国演义》忽略了后一处而保留了前一处，但删除了曹操凄怆的状态，而把那句台词改为极为浮夸的："宁使我负天下人，休教天下人负我！"

问题是，按照《三国演义》所讲的故事，曹操有特别对不起哪个对他有大恩的人吗？

把自己说得特别坏，可其实又并没有这么坏，果然，这是个可爱的人呢。

扭曲的屠刀

和奸诈一样，残暴也是曹操标志性的特征。陈寿写《三国志》的时候不方便写得太直白，裴松之作注的时候，这方面的材料就已经连篇累牍。有些是曾经被掩盖的血案终于昭雪，有些则大概确实是往曹操头上扣屎盆子。

如《零陵先贤传》中称：本郡有个叫周不疑的天才少年，聪明得不得了，曹操想招他做女婿，周不疑拒绝了。曹操认为，只有自己最聪明的小儿子曹冲，才可以和周不疑相提并论。所以曹冲死后，曹操就打算除掉周不疑，曹丕傻乎乎劝阻父亲，曹操撂了一句："这个人是你驾驭得了的吗？"到底派刺客把周不疑杀死了，可怜的孩子当时才十七岁。

这个故事的可信度极低。手中没有政治资源，光靠聪明管什么用？曹操有什么杀周不疑的必要？如果想杀，随便安个罪名轻而易举，又何必使用派刺客这种下作的手法？曹操、曹丕的对话，理应极为隐秘——这段话对曹丕的羞辱简直大到极点，曹丕绝不愿意泄露于外——作者又从何而知？

这种方志性质的材料，吹捧本地人物，素来是毫无底线的。大约就是零陵有个叫周不疑的聪明孩子，不知道被什么人杀死了，那么，就算是曹操特地派人刺杀的吧，于死者脸上有光，活着的人也与有荣焉。

好在，这个故事《三国演义》倒是也没瞧上。

《三国演义》里曹操的暴行，有些史书上根本没有，有些史书上有而未必是史实，这个也是被现代人多次辟谣的话题。这里想说的是，这些虚构、半虚构的暴行产生的文学效果，其实却相当复杂，本编一开头讲到的曹操杀吕伯奢，就是一例。另外，有些行为究竟有多坏，古代读者和现代读者，观感恐怕也有诸多不同。

我们把曹操的暴行粗略分为四大类：霸凌皇帝，杀戮名士，翦除小人，屠灭平民。分别对历史上的曹操和《三国演义》里的曹操做一个比较。

霸凌皇帝

《三国演义》里曹操欺负汉献帝的内容，有不少显而易见是虚构的，但《三国演义》却并不是始作俑者。

曹操把汉献帝接到许都之初，曹操的实力还相对弱小，汉朝皇权的余晖还颇能动人，这时候曹操和汉献帝一定程度上是合作的关系。

这段时间里，被曹操杀掉的国舅董承，是董卓旧部，一个与曹操争夺"奉天子"地位的军阀。早在曹操迎奉汉献帝之前，董承就曾与袁术合作，企图阻止曹操这么做。但曹操成功把汉献帝迁到许县后不久，董承却由卫将军高升为车骑将军，曹操把大将军的头衔让给袁绍后，这本来是曹操自己想要的职务。显然，董承和曹操进行了某种利益交换，但是这种平衡注定无法持久。

在组织反对曹操的力量时，董承曾宣称"昔吕不韦之门，须子楚而后高"，把自己比作吕不韦，而把汉献帝比作秦始皇的父亲子楚，自然也就是视汉献帝为"奇货可居"，这无论如何不是一个忠臣的声口。

但既然曹操被认定为一个反贼，死于反贼之手的人自然而然就也被当作了忠臣，对董承的美化早在裴松之的注里就开始了。《三国演义》延续了这个传统。

曹操挟天子以令诸侯，对曹操不满的势力，当然必须强调，曹操的行动和天子的意志无关。所以编织曹操与汉献帝如何冲突，曹操对汉献帝如何恶劣的故事，这些人热情素来很高。有些内容也被采入正史，如《后汉书·皇后纪》的记载：

> 董承女为贵人，操诛承而求贵人杀之。帝以贵人有妊，累为请，不能得。后自是怀惧……

对照《三国演义》的内容：

> 操叱武士擒董妃至。帝告曰："董妃有五月身孕，望

丞相见怜。"操曰："若非天败，吾已被害。岂得复留此女，为吾后患！"伏后告曰："贬于冷宫，待分娩了，杀之未迟。"操曰："欲留此逆种，为母报仇乎？"董妃泣告曰："乞全尸而死，勿令彰露。"操令取白练至面前。帝泣谓妃曰："卿于九泉之下，勿怨朕躬！"言讫，泪下如雨。伏后亦大哭。操怒曰："犹作儿女态耶！"叱武士牵出，勒死于宫门之外。

罗贯中所做的工作，显然符合小学生常会碰到的作文要求："根据材料补充细节加以扩写。"至于曹操后来杀伏皇后全家，则正史本身就写得非常有现场感：

操追大怒，遂逼帝废后……以尚书令华歆为郗虑副，勒兵入宫收后。闭户藏壁中，歆就牵后出。时帝在外殿，引虑于坐。后被发徒跣行泣过诀曰："不能复相活邪？"帝曰："我亦不知命在何时！"顾谓虑曰："郗公，天下宁有是邪？"

这条材料问题很大。比如把皇后住处的墙拆了，把皇后从夹壁里揪出来的，竟然是华歆，这就让人很难置信。华歆这个人物，不见得是好人，但肯定是个体面人，也就是很会做门面功夫。后来汉献帝禅让给曹丕的典礼，华歆担任司仪，全程没有一点开心的样子，因为他曾做过汉朝的臣子，这时候为了新王朝的价值观建设，也要"心虽悦喜，义形其色"。就是说，你可以不相信华歆的人品，也一定要相信华歆的演技，他吃相不会这么难看。联系到《后汉书》这段的信息来源是东吴人写的《曹瞒传》，其可信度也就只能让人尴尬而不失礼貌的微笑了。

当然，没道理要求《三国演义》去做史料考辨，它所做的工作还是扩写。

不过这些曹操霸凌皇帝的内容，古人和今人读来，观感可能分别甚大。因为古代视皇权为至高无上，篡位为罪大恶极，曹操的行为当然不能容忍。今人对这个问题往往倾向看淡。吕思勉先生是极力证明曹操不想当皇帝的，却也说"篡汉本来算不得什么罪名"。翦伯赞先生的雄文《应该替曹操恢复名誉》认为曹操想当皇帝，又说：

> 像这样一个具有"不逊之志"的野心家，是不会有一个封建皇帝会喜欢他的。只要提起曹操，皇帝们就会感到自己的皇冠有滚到地下的危险。为了保卫自己的皇冠，就必须动员文学艺术从自己的时代消灭曹操。而封建时代的文学家、戏剧家也很好地完成了他们的任务，他们在赤壁

之战的祝捷大会中，把英雄的称号赠给了年青的周郎，而把那没有烧死的曹操交给一位理想的先知者诸葛亮去看管。但是到了现在，我们不但消灭了封建皇帝，也消灭了封建皇帝依以建立的封建制社会，我们就不应该再保存以帝王为中心的正统主义历史观，而是要建立以人民为中心的历史观。站在人民的立场，曹操有没有"不逊之志"就不关重要，更不应因此就说曹操是一个奸臣。

一般人的态度，即便没这么慷慨激昂，大概也会认为曹操就是真过把皇帝瘾，没什么大不了的。上面所引的几段《三国演义》或史书中的文字，今天仍使人对曹操感到厌恶，但更多恐怕是因为曹操欺侮妇女尤其还是孕妇，对汉献帝这窝囊男人，同情恐怕是少了很多的。

杀戮名士

三国时代的名士，内涵与罗贯中生活的时代的名士，完全不同。

虽然汉末大儒郑玄曾注释说："名士，不仕者。"似乎名士是指隐士，但实际上当时名士的内涵，要宽泛得多。

《三国志》里，一个人称为名士，和是否做官没什么关系，如桥玄评价曹操说："吾见天下名士多矣，未有若君者也！"这里名士显然就是有名的士人的意思，又如"诸县皆用名士以镇抚之，其后吏民稍定"之类的记录，更明明说名士做了官。

所谓"名士"，首先你要是一个士，即出身于一个至少是地方性的大家族，家族权力已经有了几代传承，受过良好的教育，这才迈过士的门槛，士人中名望特别高的，就是名士。

换言之，名士拥有相当多的政治和社会资源，是名士，那就意味着你想做官，享有优先权；不想做官，也一样有很大的影响力。

一个政权，核心团队里要有顶级名士，才能得到大大小小的名士的支持，而你的官员有名士的身份，各地的大家族才愿意配合这些官员的工作。于是你的地盘治安才能保持，税收才有保证。

这才是名士的硬实力。

汉末三国以至于两晋的名士，往往有诗酒风流放纵不羁的做派，他们的言行被记录下来编成书，最有名的就是《世说新语》，成了所谓"名士教科书"。

宋代以后，随着皇权扩张，科举制度成熟，文化教育普及，社会阶层之间的流动大大增强，这种传统的名士失去了社会基础，而社会上的读书人却数量激增。

他们读了《世说新语》这样的书，也会生出做名士的向往。宋以后的读书人学习魏晋名士的做派，但已经不可能拥有魏晋名士那样的资源和关系网络。

倒也不能说这些读书人是买椟还珠,因为珠子根本可望不可即,应该说是明珠实在难得,大家只好捧个空盒子过瘾。

对历史上的曹操来说,和名士的关系至关重要。大量名士的支持,是他崛起与成功不可或缺的基础,但一旦他想打造完全按照自己意志行事的官僚机器,甚而想要改朝换代,名士就成了横亘在面前的障碍。

所以曹操与名士的合作,总是充满内在的紧张感。而每次曹操想要有大举措实现身份跨越,就要杀戮或者折辱一两个大名士。

早在兖州的时候,曹操就杀了名士边让;把汉献帝接到许县,接下来就羞辱了出身顶级名门的太傅杨彪;再往后,建安十三年(208年)恢复了丞相制度并自任丞相,同年杀了孔融;建安十八年(213年)被册封为魏公,加九锡,逼死荀彧;建安廿一年(216年),进爵为魏王,杀害崔琰。

但是,在宋元时期的平话和杂剧里,曹操身边的名士,或者说整个文官系统基本消失了。

原因很简单,这些作品的作者和读者,不但对三国时代那种传统名士毫不关心,也对自己身边为数并不少的新型名士兴趣有限(个别文人化的杂剧例外)。

这种心态下，杨修作为一个耍小聪明而且不忠于曹操的形象，还有偶尔露一小脸的机会，而荀彧、荀攸、程昱、郭嘉这些真正重量级的文臣，则被弄丢了。

曹营如果确实需要人用计，那么张辽就会上阵，所以人送外号"百计张辽"。但张辽的计策大多格局也很卑下，大概就是《水浒传》里张文远的水平，让曹操改扮宋江，张文远都不用换人。《博望烧屯》里，曹操有个军师，会隔空猜枚（孙悟空和虎力大仙、鹿力大仙赌赛的项目），打仗的水平完全看不出，自己送上门去被诸葛亮抓了。所以，有时候曹操不得不感叹：

"孙权有周瑜，刘备有诸葛，惟有吾一身！"

曹操痛定思痛去物色军师，好不容易发现了一位抚琴而坐的"仙长"可堪担此重任。不知这位仙长是何等高人？真是说破英雄惊杀人：乃是大名鼎鼎的蒋干。

京剧《赤壁之战》里，蒋干上蹿下跳十分活跃，各种场合都有他。有人奇怪，曹操这么聪明，用蒋干上了一回当，以后自然该开除他，怎么能由着蒋干一次又一次把自己带进沟里？无他，这是尊重梨园行自己的传统：曹操就蒋干这么一个特聘的名士。

看了正史就看《三国演义》，会觉得罗贯中对曹营人物大大贬低；看了杂剧、平话再看《三国演义》，才知道有了罗贯中，才让荀彧、郭嘉们重见天日。

但不论罗贯中还是毛氏父子，他们对自己这个时代的名士是有些了解，但对三国时代的名士则基本不了解，对官僚体制的运作，更是非常隔阂。自然，他也就理解不了名士作为文官系统的骨干，发挥着什么样的作用。因此他笔下的人物，和历史原型难免偏差很大。

曹操杀边让，引发了一系列连锁反应，使得曹操几乎失去兖州，《三国演义》里，这事变成了轻描淡写的一笔：

>当有九江太守边让，与陶谦交厚，闻知徐州有难，自引兵五千来救。操闻之大怒，使夏侯惇于路截杀之。

曹操杀边让的时候，边让早已辞去九江太守的职务。毛宗岗无法理解杀一个无职无权无兵的人，怎么会造成那么严重的后果，只好让他复职而且有了五千军队。但这场虚构的战事还是无法给人留下什么印象，倒是冲淡了曹操的罪行：斩杀一员敌将几乎不构成道德污点，与和平状况下杀一个名士完全不可同日而语。

祢衡、孔融、杨修这几位，最接近后世所理解的名士，或者说，传播过程中，他们身上的其他特质都被过滤掉了，只剩下所谓的"名士范儿",而且名士范儿也往往被简化为不守规矩,不懂分寸,善于耍小聪明还特别嘴贱。《三国演义》写曹操害死他们,也着墨最多。

罗贯中据说"乐府、隐语,极为清新",是个炮制段子的好手,所以他写杨修,或许是寄托着不少同情。但表现欲太强还喜欢瞎掺和的人没有好下场,实际上为很多人喜闻乐见。毛宗岗评点杨修之死的时候,就吐槽技能全开,他首先强调杨修的聪明,绝不够资格让曹操猜忌,又说杨修"其实可恶","修以杀人教人,操又以杀人为能,都不是好人","杨修不能处人骨肉之间"……至于现在的人如何看待曹操与杨修的,看看电视剧的弹幕,一目了然。

因为罗贯中眼睛里的文官基本就是谋士,以为文官最重要的作用是一拍脑袋想出一个别人想不到的好主意,所以曹营的文臣,命运颇不相同。比较接近文宣口的郭嘉,因为公开场合发言多而漂亮("每有大议,发言盈庭"),他的聪明才智得到了最大程度的渲染,而实际上地位最高作用最大的荀彧则被大幅弱化,在《三国演义》中混在一群谋士里,几乎没什么存在感。

这么处理,无意中也产生了一种美化曹操的效果。

荀彧对曹操来说至关重要,尽管比曹操年轻八岁,但荀彧在各方面都比曹操显得更加稳健成熟思虑周详,如不要急于到处出击而要建设好兖州"深根固本以制天下",如"迎奉天子"，如官渡决战几乎精疲力竭的时候也绝不可后退一步……几乎每个可以影响到曹操生死成败的关头，都是荀彧帮助曹操做出正确的决策。

颍川荀氏是天下士人倾慕的大族，有了荀彧的辅佐，曹操阵营对名士的吸引力就大为增加，而荀彧又绝无世家大族眼高于项目无下尘的毛病，他又为曹操引荐了戏志才、郭嘉这样出身不太高，缺陷明显又确实才华横溢的人才。从朝廷到地方，哪里都有荀彧举荐的官员，而且绝大多数表现出色。

自己的族侄荀攸来到曹操身边后，荀彧把原来自己的参谋工作交给了他，转而"居中持重"，军国之事都由荀彧调度筹划，曹操亲自统兵在前线作战，全靠荀彧挑起后勤的重担。

有人说，荀彧对曹操的意义，仿佛是张良加上萧何；又不妨这样比较：荀彧才是曹操的诸葛亮。

那么，如果刘备逼死诸葛亮，对刘备的形象会造成什么影响？

《三国演义》强化了郭嘉，而曹操对郭嘉荣宠备至毫无亏欠；削弱了荀彧，那么曹操逼死荀彧的罪恶感，无形中也就降低了许多。

翦除小人

建安十三年，曹操大军南下荆州，刘琮不战而降。曹操改任刘琮做青州刺史,后迁谏议大夫,爵封列侯。

但《三国演义》却说刘琮和母亲蔡夫人(其实并不是)一起,被曹操杀掉了。

积极主张让刘琮投降曹操的蔡瑁,历史上也活得好好的。《襄阳耆旧记》还说,蔡瑁和曹操年轻时就是朋友,所以曹操到荆州之后,还来找蔡瑁叙旧,进到蔡瑁的卧室里,和蔡瑁的妻儿见面。这是当时最亲密的朋友之间,才会有的举动。

《三国演义》里蒋干盗书,曹操中反间计杀了蔡瑁、张允的情节,也是没影的事。

《三国演义》捏造这些情节,一方面是表现曹操的残暴;另一方面,也是满足读者的心理需求:卑鄙小人必须死。

刘备在荆州的这段日子,《三国演义》极力渲染蔡夫人和蔡瑁是怎么陷害刘备的,写得读者都欲杀之而后快。这两个人物不死掉,读者都是要拍桌子不干的。

作为一部要迎合读者的小说,接下来问题只是他们怎么死了。

可以这么写:赤壁曹操战败,曹操从蔡夫人的床上爬起来,丢下她跑了。蔡夫人和蔡瑁被张飞抓住,带到刘备面前。于是刘备痛斥他们有多么对不起刘表,然后细细活剐了他们——这么处理倒也不是不可以,但刘皇叔和张飞的格局,就下降到宋江、李逵的水平。

还是让大坏蛋杀掉小坏蛋,来得更加大快人心。——当然,刘琮小孩是无辜的,但他的死,更突出坑娃的娘和坑外甥的舅舅有多可恶。

《三国演义》里,曹操经常承担这个职能:把好人不方便杀或没机会杀的小坏蛋杀掉。

马腾与门下侍郎黄奎合谋要杀曹操,黄奎的妻弟苗泽和黄奎的小妾私通,苗泽知道了这事,就去向曹操举报,导致马腾、黄奎遇害。于是苗泽向曹操提出,我立功了,把黄奎的小妾赏给我好不好?曹操大笑说:"你为了一妇人,害了你姐夫一家,留此不义之人何用!"毛宗岗对这句话大为赞赏,评曰:"奸雄快语,可儿可儿。"

曹操征张鲁的时候,张鲁手下一个叫杨松的谋士,收了曹操贿赂,帮助曹操成功。而曹操大获全胜之后,对杨松的处置,又是斩之于市曹示众。

这类虚构的情节甚多,总的说来,都是给曹操加分的。

屠灭平民

史书中,曹操屠杀平民的记载简直触目惊心。而且毫无疑问,没有被记录的还远远多于被记录的。

比如《魏书》里记述程昱的光辉事迹的时候提到,曹操出征马超的时候,留守邺城的曹丕平定了一次叛乱,讨论该如何处置投降者的时候,众人都认为"宜如旧法",也就是按老规矩办:"围而后降者不赦。"但程昱说,现在天下大致安定了,太残酷的法令,可以废止了,后来就没杀这些人。

看这个表述,曹军这次没有屠城,才是值得一写的;在此之前,曹军今天屠城了,是走流程的事,往往不必留痕了。

只有屠杀规模特别大,才会被记录。

初平四年(公元193年)攻陶谦时发生的徐州大屠杀。不同版本的《三国演义》,叙述此事的措辞不同,但都很简单。嘉靖本是:

> 且说操大军所到之处,鸡犬不留,山无树木,路绝人行。

据说极度尊刘贬曹的毛本则是:

> 且说操大军所到之处,杀戮人民,发掘坟墓。

不论哪个版本,比之《后汉书》曹军所过之处,"皆屠之,凡杀男女数十万人,鸡犬无余,泗水为之不流"的记载,都显得要轻描淡写。

由于《三国演义》有大量的谋臣斗智、武将搏杀的描写,很容易吸引读者的眼球,所以即使把史书原文抄进小说,其冲击力和震撼性也要大打折扣。可是《三国演义》连这个照抄工作，也懒得做，根本不想在曹操屠杀上花费笔墨。

然后兴平二年（公元195年），曹操攻打雍丘，"围数月，屠之"，此事《三国演义》没提。

建安三年（公元198年）与吕布的战争中，曹操"屠彭城"，《三国演义》又不提。

接下来就是建安五年（公元200年）的官渡之战，坑杀了袁绍降兵七万（一说八万），这次《三国演义》倒是照抄了史书的数字，"所杀八万余人，血流盈沟，溺水死者，不计其数"。不过有个问题：历史上袁绍军队总数是十万步兵和一万骑兵，坑杀七八万是个可怕的比例，《三国演义》把袁绍的军队扩大到七十万人，屠杀数却保持原样，凶暴感当然也大为降低。

接下来建安九年（公元204年）的邺城围城战。本编开头详细比较了史书记述和《三国演义》的描写，会发现《三国演义》增加了许多史书中没有的曹操爱民的内容，而战争的残酷性则大为淡化。

当然，有人可以认定史书中的记录不见得就可信，或强行把"屠"解释为攻克（其实依据并不坚实），但屠灭平民这个问题上，《三国演义》确实很少会把曹操往坏的方向上去塑造。

《三国演义》这么处理曹操的形象，也使得一些历史上本来自然不过的事情，变得难以理解。比如说，曹操取荆州的时候,为什么会有大批百姓跟随刘备逃亡?

因为《三国演义》里曹操对百姓并不坏,他们没有一定要逃亡的道理,所以就有人怀疑,是刘备做了大量妖魔化曹操的宣传,煽动百姓跟自己一起走,让他们充当自己的流动掩体。

实际上,要理解百姓为什么跟着刘备走,要先弄明白当时荆州的人口构成。

荆州这些年的流入人口,一大来源是关中。所谓"关中膏腴之地,顷遭荒乱,人民流入荆州者,十万余家"。

当初李傕、郭汜之乱,关中人民大量流亡,主要分成三路,除了到荆州来的之外,还有数万户涌入益州,更多人则向东迁徙,去投奔徐州刺史陶谦。

后来,曹操攻打徐州,他屠刀下的亡魂,很大一部分就是刚在这里勉强安顿下来的关中人。再次侥幸逃过一劫的难民,自然有人选择南下,来到荆州。

所以,对流亡在荆州的关中人或其他北方人来说,曹操是一个杀人不眨眼的恶魔,这一点不是哪家宣传机器灌输给他们的结论,他们有切身的记忆:有那么多乡亲父老,只是因为逃亡时走了一条与自己不同的路线,就成为堵塞得泗水为之不流的尸骸。

而徐州那个恐怖的杀戮时刻,罕见的能够多少给人们提供一点保护的,就是刘备。

所以他们尽管知道刘备多半不是曹操的敌手，仍然会选择追随刘备。

此时的荆州，还有一个出生在徐州琅琊国阳都县的年轻人。尽管他很早就追随叔父南下，但家乡想必仍有不少亲人。曹军在徐州以及其他地方的一系列大屠杀，哪怕只是通过传闻，也会给他留下深刻印象。在他的人生选择中，曹操从来不在考虑范围之内。

这个年轻人的名字，叫诸葛亮。

这样我们可以做一个小结了。

写到曹操杀人，《三国演义》有美化曹操的地方，也有丑化曹操的地方。

但《三国演义》丑化曹操的地方，如欺君罔上，迫害名士之类，恰恰是现代很多人不太介意的，《三国演义》美化曹操的地方，最重要的就是掩盖了他大量屠杀平民的暴行，这正是现代人眼中极其重要的问题。有人只强调《三国演义》中曹操的某些劣迹并不存在，或许可以套这个著名的笑话：

> 曹操："我要杀死十万徐州人和一个杀猪的。"
> 陈宫："为什么杀一个杀猪的？"
> 曹操："我就说没有人关心那十万徐州人。"

所以不管有意还是无意，最终《三国演义》中曹操的形象，大概是比历史人物曹操还要好一些。

也正因如此，有些人只看过《三国演义》，就成了曹操的粉丝。

但往往也正是这些人，是无论如何要坚持《三国演义》丑化了曹操的，毕竟，相信我的偶像受到了攻击霸凌抹黑，是粉丝群保持凝聚力的根本保障。

刘备篇

引子　赤壁疑云

赤壁之战大概是中国古代史上最著名的战争，然而也是一场疑云重重的战争。流传下来的史料并不多，要考证"赤壁之战真相"，也许是永远不可能了。不过根据史料的源头，做个简单分类，也非常有趣。

今天喜欢说，"《三国演义》丑化了周瑜，历史上真实的周瑜啪啦啪啦"的朋友，他们嘴里真实的周瑜的形象，主要来自一部叫《江表传》的书。这书的特点，是站在江东政权的立场上写历史，东吴的人物，往往被写得光彩照人。

当然，要突出赤壁之战中周瑜的功绩，就一定要贬低刘备。《江表传》说：诸葛亮到东吴去还没有回来，刘备听说曹操的大军正在逼近，非常恐惧，天天派人到水边观察孙权的援军有没有来。

巡逻的官吏看见周瑜的船到了，飞快向刘备禀报。

刘备问："何以知非青徐军邪？"怎么知道不是曹操带来的青州、徐州的人马啊？这一问，活画出刘备对援军到来开心得不敢相信，而恐惧曹操已经到精神恍惚的状态。

官吏告诉刘备，看那型号，就不是曹操的船。

刘备就派人去慰劳周瑜，并提出和周瑜见面的要求。周瑜答复说，我有军务在身，去看你不方便，你要是愿意到我这里来，倒是可以见个面。

按照一般观念，当然应该是地位低的去见地位高的，资望浅的去见资望深的，年纪轻的去见年纪大的，总之从任何角度看，都应该是周瑜去拜见刘备。周瑜这话说的，真是非常不给刘备面子。

但刘备现在就指望着周瑜，所以还是坐着一艘小船，巴巴到了周瑜的军营。

刘备问："咱们要和曹操开战，东吴来了多少兵啊？"

周瑜说："三万人。"

刘备说："恨少。"太遗憾了，少了点。

周瑜说："此自足用，豫州但观瑜破之。"

刘备的胆怯猥琐，周瑜的豪气干云，真是形成鲜明的对照。刘备看周瑜态度这么夹生，就想请鲁肃来一起聊，周瑜没同意，刘备就灰溜溜回去了。

临到要开战了，刘备还是对周瑜没信心，和关羽、张飞带着两千人跟在周瑜后面，"盖为进退之计也"，就是作随时逃走的打算。

于是刘备就眼睁睁看着周瑜把曹操打败了。

当然不只是《江表传》一部书，东吴方面的叙述确实有这样一个趋势：越来越把赤壁之战理解为自己单独取得的胜利。

但来自曹魏阵营及其继承者的叙述，赤壁之战却完全是另一番面貌。曹操曾给孙权写过一封信：

> 赤壁之役，值有疾病，孤烧船自退，横使周瑜虚获此名。

照这个意思，什么黄盖诈降，周瑜用火攻之类的故事，都是东吴人瞎吹牛。至于《三国演义》里黄盖用了苦肉计，阚泽下诈降书，庞统献连环计，诸葛亮借东风然后周瑜再用火攻的情节，那就是在吹牛的基础上进一步吹得气冲斗牛。

曹魏的官方记录，显然还是认为刘备才是曹操劲敌。《三国志·武帝纪》是这样写的：

> 十二月，孙权为备攻合肥。公自江陵征备，至巴丘，遣张憙救合肥。权闻憙至，乃走。公至赤壁，与备战，不利。于是大疫，吏士多死者，乃引军还。

虽然强调了瘟疫，但也承认，军事上不敌刘备，对周瑜则根本没提。

倒是孙权亲自率领那支军队，因为表现太让曹魏方面喜闻乐见，被记下来了。孙权攻打合肥，曹操派一个名不见经传的人物叫张憙的迎敌，孙权听说曹兵来了，就逃走了。这件事蒋济的传记里还有补充：张憙只有一千骑兵，而且也得了病，实际上没有救合肥的能力。当时任扬州别驾的蒋济就写了封信，一式三份，说四万救兵马上就到。一份送到合肥城里鼓舞士气，两份故意落到孙权手里，果然，孙权就被吓得烧了自己围城的营垒逃了。

乐资的《山阳公载记》，则突出了这样一个细节：

> 公船舰为备所烧，引军从华容道步归，遇泥泞，道不通，天又大风，悉使羸兵负草填之，骑乃得过。羸兵为人马所蹈藉，陷泥中，死者甚众。军既得出，公大喜，诸将问之，公曰："刘备，吾俦也，但得计少晚，向使早放火，吾徒无类矣。"备寻亦放火而无所及。

这条记载里，火攻烧了曹操战船的是刘备。

逃到华容道的时候，碰上泥泞，道路不通。曹操就让羸弱的士兵背着草铺路，骑兵着急，不等路铺好就催马而过，结果很多人都死在战友的铁蹄之下。逃过华容道后，曹操突然大喜。诸将大约确实像《三国演义》里那样问了："丞相因何发笑?"曹操说:"刘备也算是我的对手了,就是脑子慢点。他如果早点放火,我们全完了。"

这时刘备果然想到放火了,但曹操已经出了华容道,所以白白破坏了环境污染了空气,并没什么用了。

总之,曹魏的观点是,之所以会有赤壁之败,首先是因为瘟疫,然后是败给刘备,周瑜只是"虚获此名"。

刘备早年在中原打拼,大概留下了很好的名声。刘备在荆州感叹髀肉复生的故事,见于司马彪的《九州春秋》;刘备马跃檀溪的故事,则见于郭颁的《世语》。这类明显美化刘备形象的典故,都是通过北方学者的著作才流传下来的。

曹魏愿意捧刘备,倒也不奇怪。毕竟曹操亲口说过:"今天下英雄,唯使君与操耳。"把刘备描述得太弱,对曹操的形象也不利。王粲是流寓荆州的名士中最有文才的一个,他后来归顺了曹操,被曹操视为自己夺取荆州的一大收获。王粲的《英雄记》里说,刘表病重后曾上表请任命刘备为荆州刺史。——这无疑是一个为刘备据有荆州提供合法性的说法。

《魏书》的作者,习惯吹捧曹操的王沈,他对这件事记述更为详细:

> 表病笃,讬国于备,顾谓曰:"我儿不才,而诸将并零落,我死之后,卿便摄荆州。"备曰:"诸子自贤,君其

引子　赤壁疑云

忧病。"或劝备宜从表言,备曰:"此人待我厚,今从其言,人必以我为薄,所不忍也。"

刘表病重之后,对刘备说:"我儿子水平不行,当初追随我的将军们大多也不在了,我死之后,荆州的事就交给你吧。"刘备说:"您的几个儿子都很贤能,您好好养病就行了。"

有人劝刘备说,您就答应下来吧。刘备说:"刘表对我很好,我要听了这话,人家要瞧不起我了,我不忍心这么做。"

一般认为,这个说法可信度不高,但却反映了在一些北方人心目中,刘备是一个既有能力又宅心仁厚的正面人物。

也就是说,赤壁之战当中,刘备的盟友认为刘备不行,刘备的敌人认为刘备相当可以。这种情况下,其实敌人的言论往往比曾经的盟友可靠。但后世流传的故事,显然是东吴方面的说法,占了上风。

这不是因为孙权、周瑜的粉丝太多,恰恰是因为刘备尤其是诸葛亮的粉丝太多。各种戏曲、小说、评话中,刘备怎样出工不出力却夺取了荆州的故事,被大量创作出来。《三国演义》其实还算客气,民间三国故事里,说书人设计诸葛亮怎么揩东吴油、拿东吴当枪使的桥段的时候,才真是倾注了无限才华。

因为他们的认识里,诸葛亮是智慧的化身,而小市民所能理解的智慧，又确乎就是没有任何付出而便宜占尽，于是他们也就继承了东吴方面那个赤壁之战里刘备没怎么参战的设定——脑残粉等于高级黑，确实挺普遍原理的。

说了半天，刘备阵营是怎么评价赤壁之战中自己一方的表现的呢？

遗憾的是，材料很少。这和蜀汉政权本无史官有关，没有留下第一手档案。《三国志》的作者陈寿出生在赤壁之战后二十多年，他要找当事人做口述史，也已经并不容易。

实际上，要谈论历史上的刘备是一个什么样的人，时时会碰到这样的难题。因为关于他的材料，实在太少了。

第五章　折而不挠

汉室宗亲，普普通通

《三国志·先主传》说刘备是中山靖王刘胜的后代，大概是事实。

第一，要冒充汉室宗亲，并不容易。

朝廷有"宗正"，负责宗室管理，对宗室成员进行专门的户口登记；郡国一级的地方政府，还设置了"宗师"，对本地宗室进行"教训"。

西汉末的登记对象，是"太上皇以来族亲"，只要是刘邦的爸爸的后代，都算。东汉标榜儒学，这个体现亲亲之道的规矩，大概是延续下来了。如《后汉书·殇帝纪》中记录着这样的诏书："诸官府、郡国、王侯家奴婢姓刘及疲癃羸老，皆上其名，务令实悉。"

刘备虽然遭过穷，但并不是一个流浪汉，可以随口瞎说自己是那谁谁谁的后代。刘备出身于涿郡一个挺大的家族。这样的家族，是和本地宗师常有接触，添了人口要向宗正汇报的。

当然，一定要憋着串通相关部门修改身份，也终归是可以做到的。但还要注意另外一点：

第二，这个汉室宗亲的身份，其实也不怎么值钱，冒充价值不大。

西汉的最后一个皇帝汉平帝在位的最后一年，下过一道诏书，提到这么一个数据："惟宗室子皆太祖高皇帝子孙及兄弟吴顷、楚元之后，汉元至今，十有余万人。"西汉两百年间，刘邦兄弟三人的后代，已经在十万人以上。到东汉末刘备生活的年代，又是将将两百年过去，这个人数就更加惊人了。

这样庞大的群体，不可能都给予特权。1971年出土的甘谷汉简，是东汉桓帝延熹二年（公元159年）宗正府卿发布的维护宗室特权的文书，其中说到：

宗室蕃诸侯：五属内，居国界，有罪请；五属外，便以法令治；流客虽五属内，不得行复除。

大概意思是，五服之内的宗室（和当今皇帝同一个高祖父），可以不必服徭役，有罪该怎么判处，要请示朝廷；五服之外，有罪就依法审理。而且，享有特权的，仅限于留在封国内的。一旦搬迁到其他地方，那就该怎么办就怎么办。

中山靖王刘胜是汉景帝的儿子，东汉皇帝是汉景帝的另一个儿子长沙定王刘发的后代。所以刘备和汉献帝的关系，不是出没出五服的问题，而是早就不知道疏远到哪里去了。

宗室还剩下来的好处，就是碰到大喜事皇帝给天下百姓发东西的时候，可以稍微多拿点。

总而言之，刘备是东汉社会里几十万汉室宗亲里普普通通的一个。同时代的人里，地位也高，德行也好，能力也优秀，和皇帝血缘还相对亲近的汉室宗亲，有担任过宗正、幽州牧、大司马等职务的刘虞，所以袁绍想找个人取代汉献帝，想到的就是他。另外，血统和刘备同样疏远，但家族权力传承得比较好，因此地位也要高得多的人物，如鲁恭王刘余的后代益州牧刘焉、荆州牧刘表，齐王刘肥的后代兖州刺史刘岱，扬州刺史刘繇。

论出身，这些人都不是刘备可比的。

但刘备的地位也不是特别卑微。

刘备的祖上，"世仕州郡"，都还是在地方上做官的。从朝廷大员、世家大族的视角往下看，觉得平平无奇，但对平民百姓来说，还是要仰望的。

刘备的爷爷刘雄举孝廉，做过县令，但父亲刘弘死得早，这才导致了刘备小时候要和妈妈一起编草席打草鞋。

但家族的作用，很快就发挥出来了。

刘备有个同宗叔父刘元起，特别看好刘备，经常资助他。刘元起给自己儿子多少钱，就给刘备多少钱。他老婆受不了，刘元起说："吾宗中有此儿，非常人也。"

刘备被看作了宗族的希望。

从这件小事也可以看出来，为什么宗族始终是中国传统社会最重要的社会组织，为什么经常有秦皇汉武这样强势的皇帝想要摧毁宗族势力，宗族却总能死灰复燃。

宗族抗风险的能力，确实比孤立的小家庭强太多了。小家庭失去顶梁柱，有宗族提供资助；小家庭觉得自己的儿子不够优秀，可以发掘同宗的孩子一样培养。

一直到读民国人物的回忆录，我们还经常可以读到这样的故事。

为什么不爱读书

族叔的赞助，对刘备来说非常重要。因此他才有条件在十五岁那年，到洛阳念书。

小地方的人到首都，感受当然是很震撼的。

西汉、东汉的开国皇帝，都有这样的经验，也都因此有名言被载入史册。

刘邦到咸阳服徭役，看见秦始皇，赞叹说："嗟乎，大丈夫当如此也！"

光武帝刘秀到长安做太学生，看见负责京师治安的执金吾随行车骑气派很大，想起新野的梦中情人阴丽华，于是叹息说："仕宦当作执金吾，娶妻当得阴丽华。"

刘邦的话，让人惊叹他当时如此卑微，欲望却如此之大；刘秀的话则反过来，让人感慨他后来功业如此之盛，开始梦想却如此之小。

刘备在家乡已经说过大话，他家附近有棵大桑树，树冠仿佛天子的车盖，刘备说，将来我就要坐这样的车。到洛阳，他却没留下什么话，以至于读史不细的话，就很容易忽视他年轻时还有这段经历。

但实际上，这段经历对他来说至关重要。

刘邦、刘秀的事业，都很依赖在家乡建立起来的关系网。刘邦出身不高，不过那正是一个传统的社会组织被秦始皇摧毁，草莽英雄风云际会的时代；刘秀打天下的时候，出身卑微的人机会就很少了，但刘秀家本来就是南阳豪强。

刘备生活的这个时代，比两汉之际更讲究门阀宗族，刘备出身的社会层级，却比刘邦好得有限。

留在涿郡涿县的家乡，刘备是很难获得足够有力的支持的。来到京城，他的眼界却一下子打开，交往的朋友，也是在家乡想都想不到的。

刘备拜在同郡的大儒卢植门下，刘备十五岁是汉灵帝熹平四年（公元175年），卢植正在洛阳附近的缑氏山讲学，——这里也可以看出，《三国志·先主传》有多么简略，实际上研究者反而是从卢植的履历里，推导出刘备很早就到过洛阳的。

卢植是大儒，大到什么地步呢？解释起来需要稍微做点铺垫。

汉代的儒家思想，和先秦的孔子、孟子已经很不同，特别注重儒家经典的研究。

西汉初年就发掘整理出来的经典，早就用汉代通行的隶书书写，称为"今文经"，研究今文经的学问，就叫"今文经学"或者简称"今学"。

西汉中期以后陆续重见天日的儒家经典（有的可能是伪造的），当然还是用先秦的古文字书写的，称为"古文经"，研究古文经的学问，就叫"古文经学"或者简称"古学"。

东汉官方，一直是只承认今学的，但也不把古学打成反动学说，允许民间自由传播。

结果官方圈养起来的学者水平越来越差，拿不出像样的学术成果，对学生也毫无吸引力。民间的古学却创新不断，魅力无穷。到了东汉末年，古学可以说已经全面碾压今学。

卢植的老师马融，就是古学集大成的第一宗师。

按说，既然古学胜过今学，古学第一宗师也就是天下第一宗师，但是马融这个天下第一的地位，最终却没能保住。

因为马融有一个叫郑玄的学生，打通今学、古学的界限，几乎把儒家经典注释了个遍，成为当之无愧的东汉经学第一人。

郑玄和卢植关系是特别密切的，因为他正是卢植介绍到马融门下的。

卢植对后世儒学的影响不如老师和师弟，但当时的学术声望，却是一个量级上的。曹操曾追悼卢植，把他比作商朝的商容、郑国的子产，评价是"名著海内，学为儒宗，士之楷模，国之桢干也"。当时曹操已经是基本统一北方，大权在握，这可以算作是官方的定论。

以刘备的出身，拜在这样牛的老师门下，简直是天大的福分。但刘备的表现是：

> 先主不甚乐读书，喜狗马、音乐、美衣服。身长七尺五寸，垂手下膝，顾自见其耳。少语言，善下人，喜怒不形于色。好交结豪侠，年少争附之。

好像完全不珍惜这个学习机会。

《三国演义》大概是觉得这段话比较影响刘备的形象，不同版本，做了不同程度的删节。然后现在有研究者发现了这种删节，就说，你看，《三国演义》是多么美化刘备啊。

实际上，这一删，反而会让刘备早年的生涯，变得不可理解。

还有人因为刘备不喜欢读书，卢植也没教他多久，就结束教学生涯到庐江郡当太守去了，就推论说，刘备很可能都没有给卢植留下什么印象。

这么理解，既看低了刘备，也看低了卢植。

以东汉末的时代氛围，刘备全力以赴读书的话，回报率不会很高。

因为当时读书讲究要有"家学"，你爸爸、你爷爷、你祖爷爷……都是研究这部经典的，你还在研究这部经典，自然而然就透出你的水平比别人高。不然，哪怕你水平确实高，也得不到别人承认。

所以东汉才会出现累世经学而累世公卿的局面。袁绍他们家为什么厉害呢？汝南袁氏世传一部《孟氏易》，这才可以不但打遍卦摊儿无敌手，而且获得四世三公的超卓地位。

当然，读书水平要获得认可还有一个办法，就是混圈子。积极参加士人群体的活动，让大家都认识你。第一次党锢之祸时的风云人物，太学生领袖郭泰郭林宗，就出身寒微，靠动人的音色和极富煽情性的演说，赢得万众瞩目。

以刘备的社交天赋，走这条路本来是很有希望的。但此刻时机不对。

刘备到洛阳的熹平四年（公元175年），看似党锢之祸的高潮已经过去，实则潜流汹涌。几年前，司隶校尉段颎以有人制造谣言为由，逮捕了太学生千余人。现在党人们希望恢复名誉重新获得做官资格，正在舆论上造势。曹操任洛阳北部尉，打死小黄门蹇硕的叔父，也就是在这一年，很可能曹操是在为士人扮演急先锋的角色。

宦官们则在不动声色地布置罗网，单等你们有所动作，就有罪名治你了。下一年，"诏党人门生故吏父兄子弟在位者，皆免官禁锢"。再次强调党锢是既定国策，而且扩大了打击面。

刘备可不像曹操那样是以大宦官的子弟的身份反宦官，被惩罚也不过是调到外地去当县令。刘备要是这时候加入学生运动，极大可能是充当炮灰的角色。

我们今天无法知道，刘备读书热情不高，是理性判断还是单纯的不喜欢。但可以肯定，他做了一个对自己非常有利的选择。

对刘备来说，还是作为一个军人，在战争中打出一片天地比较现实。

当然，如果是直接以个人身份去投军，那很可能成为一个死得更快的炮灰，所以最好能先得到一个军事强人的赏识。

刚巧这样的人物，卢植门下就一个，就是来自辽西的公孙瓒。

念好学校，拜好老师，学习知识是一方面，写到简历上好看，建立新的社交圈，从来也都是很重要的功能。

公孙瓒"家世二千石"，出身于一个世代都能做到郡守一级的家族，算是豪门子弟。但公孙瓒的母亲身份卑贱，所以家业没他的份，只能去做"郡小吏"。

这样的孩子从小就知道，自己能得到多少宠爱，是要凭本事去争的。公孙瓒这个意识很强，而且天赋条件很好，长得漂亮，声音洪亮，说话条理清晰，陈述事实总是准确无误，给人感觉既聪明又靠谱。

所以领导非常欣赏他，就招他做女婿，并送他到卢植这里来镀金。

作为一个庶出子弟，公孙瓒其实内心对主流社会充满了仇恨。后来他事业有成，公开说：出身好、道德高的人，给他们富贵，他们都认为是自己应得的，根本不会念你的好。所以公孙瓒喜欢的，"类多庸儿"。

刘备要和公孙瓒玩到一起，把自己弄成一个刻苦读书的形象，肯定是不成的。

但刘备也不是贴着公孙瓒，事实上刘备创业的起步阶段，和公孙瓒无关，后来追随公孙瓒的时间也不是很长。

他首先还是想要回家乡拉起一支自己的队伍。

那需要很多很多钱，刘备的钱有限，那就只能靠人格魅力加成。

《三国演义》把刘备喜欢骑马、遛狗、漂亮衣服、流行音乐……等等内容都删了，这种处理办法说一句腐儒之见，真不为过。

刘备早期能吸引到的，大多是没有正经工作，不肯老实务农的少年。不需要花多少钱，就能调动起来的，也就是这些人了。

放眼古今中外，靠做恭谨温厚的老好人，而让年轻人热血上头的，未之有也。

事实上刘备对他们的吸引力在于：你喜欢的我也喜欢，你爱玩的我玩得比你还好；你喜欢好马，那咱们拉出来遛遛；你喜欢漂亮衣服，我衣服的款式洛阳城里今年最流行；你喜欢听歌，知道皇上最爱听的是什么调调吗？

在此基础上，我智商比你高，眼界比你大，道德很高尚，梦想很感人……这些优点才能发挥出来。

所以才有"年少争附之"。

最神奇的一点是，刘备虽然不爱读书，但并没有失掉老师的欢心，甚至于说，他成功引起了当时一大批最顶级的文化人的关注。

看过《三国演义》的人大概对这个情节会有印象：北海国相孔融遇到麻烦，向刘备求援的时候，刘备喜出望外说了一句："孔北海乃复知天下有刘备邪？"

这个情节是对着史书照抄的。孔融是顶级名士，而刘备根本没想到这个眼高于顶的大人物竟然会知道自己。

其实名士圈子就那么大，孔融知道刘备，自然是之前和刘备有过接触的名士，对刘备印象很好，为他做了宣传。

这当中，很可能就有刘备的老师卢植，还有老领导陈纪。

《华阳国志》里提到，诸葛亮曾回忆说：

> 先帝亦言："吾周旋陈元方、郑康成间，每见启告，治乱之道悉矣……"

陈元方就是陈纪，是"当世者靡不荣之"的名士。

郑康成就是郑玄，前面提到，是当时天下第一大儒。

刘备说自己和他们"周旋"，而且谈论"治乱之道悉矣"，就是把治国之道都讨论遍了。显然不是只聊过一次两次，而且聊得很投机。

刘备是不是吹牛假装自己是文化人呢？显然不是。

因为陈纪做过平原国相，刘备做过平原县令，这有点类似于今天省长和省会市长的关系，在一个城市办公的上下级，经常打交道是难免的，却很容易关系不好。但是刘备和陈纪的关系却处得很好，刘备后来做豫州刺史的时候，征辟陈纪的儿子陈群，做了自己的别驾。大家都是自己人，相互照应是应该的。

刘备领徐州牧的时候，郑玄正在徐州。郑玄和卢植是关系很好的同学，和陈纪之间也不陌生，刘备以卢植弟子、陈纪故吏，而现在是本地一把手领导的身份去拜访郑玄，光是对身边吃瓜群众渲染彼此关系有多亲近，都可以聊半天。

《三国演义》里写：刘备少年时就拜郑玄为师，向袁绍求援时又讨要了一封郑玄的书信，这些内容固然是虚构的，却可以视为是史料基础上的发挥，因为负责跑腿的是孙乾，"乾被辟命，玄所举也"，孙乾是郑玄推荐给刘备的。

刘备投靠袁绍、刘表时，都派孙乾负责联络，袁绍、刘表都是名士，孙乾背后有郑玄的影响力，可以扫除很多障碍。

还有徐州的名士陈登，除了积极支持刘备领徐州外，赞美起刘备来简直不遗余力：

> 夫闺门雍穆，有德有行，吾敬陈元方兄弟；渊清玉

洁，有礼有法，吾敬华子鱼；清修疾恶，有识有义，吾敬赵元达；博闻强记，奇逸卓荦，吾敬孔文举；雄姿杰出，有王霸之略，吾敬刘玄德：所敬如此，何骄之有！

把刘备和陈纪、华歆、赵昱、孔融等一群名士并列，完全当作是一个圈子里的人看待。

不读书的刘备，怎么就能赢得这么多大名士的好感呢？可能是，大名士的道德声望流誉天下，不缺钱，也不缺政治资源，这些年和宦官的较量却总是落在下风，为什么？

一句话，军队控制权在人家手里。

所以他们也希望能够找到为自己服务的军事人才。——但当然不是所有军阀都可以，像公孙瓒、袁术那种违背自己最基本的人生信念的，就不行。

刘备却让这些名士感受到，这个人虽然不怎么爱读书，却会是传统道德的捍卫者。

另一个有意思的现象是，和许多顶级名士赞赏刘备相反，二三流的名士，尤其是偏远地区的二三流名士，却往往最瞧不起刘备。

因为走刘备这种路线的人如果能实现阶层跃升，最有挫折感的就是他们。生态位的竞争，终归是最残酷的。

早年的创业之路

天生的个人魅力和社交能力，是刘备最大的优势，但也注定了他早期的一系列失败。他获得了以他当时的硬实力根本无法支撑起来的政治资源，就好比一支弱队被保送进了顶级联赛，战绩当然会很难看。

按照《三国演义》的描写，战争往往是双方大将武艺的较量，众多小兵的作用不过是摇旗呐喊。事实当然不是这样，兵员的素质和组织水平，常常是战争胜负的决定性要素。

而天下出产能打的兵的地方，本来也不过就几处：要么在边疆，经年累月要和羌胡等异族作战；要么在几个州郡交界处地势特别险恶的地方，时常要去剿匪。

大致说，战斗力最强的军人，一在西北，也就是以董卓为代表的凉州军和以吕布、张辽等人为代表的并州军；二在东北，幽州突骑是公认的天下精兵，公孙瓒即以此起家。

此外，幽州以南的冀州，兵力比幽州稍逊，但也属于"人习兵战，号为精勇"的河北地区。

青州、兖州交界处的泰山地区，盗贼出没，当地的官军没因此练出来，当地大家族的私兵却得到了足够的锻炼。无论盗匪还是豪族私兵，都可称为泰山兵，战斗力也不容小觑。

当时的扬州，大致相当于今天的安徽、江苏的江南部分和江西、浙江、福建三省,是偏远落后的地区,号称"扬士多轻侠狡杰",也比较能打,尤其是丹阳郡的军人,名声颇为不小,类似于二本院校里的顶尖,乙级联赛的王者。

讨伐董卓群雄并起之后,大致的局势是:

最强的凉州军和一部分并州军,在函谷关以西自相残杀,一直到把自己削弱成二三流的军队为止。

吕布指挥的并州军团,公孙瓒统领着幽州骑兵,在战争初期极为抢眼。吕布打得曹操几乎无家可归;界桥大战前,公孙瓒也让袁绍连连吃瘪。

但这种纯粹的军事力量,徒有尖齿利爪却缺乏强健的支撑,简单说是就不能发挥文官系统的作用提供稳定的后勤补给。尤其是吕布的军队仿佛一群蝗虫,所过之处大肆抢掠,对当地经济是巨大的灾难,然后就所有人都陷入饥荒之中。

袁绍和曹操挺过最初的困局后,都一边整合各种军事资源,一边建立起战时经济体制,所以后来居上。曹操有著名的屯田制度,而袁绍无疑做得更好,兵多粮足一直公认是袁绍的优势。

在这样的强者面前,从各方面看,刘备劣势明显。

刘备的家乡涿郡也属于幽州,却是幽州最南边的一个郡,因此经济、文化相对发达,但与胡人作战的机会却少很多。刘备聚合的徒众,大致也就是比下有余比上不足的水平。一个直观的比较是，面对军事素养不高的农民军，刘备常能够力战获胜，但众寡过于悬殊时就非常危险，刘备有过失败装死才逃过一劫的经历；而公孙瓒指挥顶级的幽州战士，却能打出用步骑两万大战三十万农民军，结果一战即斩首三万级，再战又屠戮数万，而虏获人口七万余的战绩。

《三国志·先主传》记录刘备早期的仕宦履历，颇多含混之处：

> 灵帝末，黄巾起，州郡各举义兵，先主率其属从校尉邹靖讨黄巾贼有功，除安喜尉。督邮以公事到县，先主求谒，不通，直入缚督邮，杖二百，解绶系其颈着马柳，弃官亡命。顷之，大将军何进遣都尉毌丘毅诣丹杨[1]募兵，先主与俱行，至下邳遇贼，力战有功，除为下密丞。复去官。后为高唐尉，迁为令。为贼所破，往奔中郎将公孙瓒，瓒表为别部司马，使与青州刺史田楷以拒冀州牧袁绍。

刘备先后在安喜县、下密县、高唐县任职县尉或县丞，即县的三把手或二把手。疑问则是：一、每次任职都没有具体时

---

[1] "丹杨"即"丹阳"。

间；二、刘备的直接领导邹靖和毌丘毅是何等人物，相关信息几近于无；三、刘备为什么从下密丞的岗位上离职，离职后去了哪里，也没有交代。

裴松之的注释补充了一些材料，只是使疑点更多。可以用这些材料组合成几种不同的叙事，每种都合情合理，但无法断言哪种才是事实。

直到刘备由高唐县尉升任高唐县令，却又"为贼所破"，我们才得到一个比较确切的时间。

这件事在汉献帝初平二年（公元191年）。

高唐县归青州平原国管辖，而当时的青州刺史焦和，是一个完全符合人们对知识分子恶意想象的人物：他极擅清谈而毫无处理实际事务的能力，先是不管青州内部危机重重，让青州主力西进参与讨董，而青州黄巾死灰复燃之后，他却企图靠巫术解决问题，没有任何正常的军事部署。终于，焦和使青州的局面变得不可收拾，百万饥民成为泛滥的洪水。

刘备以高唐一县的兵力，无法应对农民军的滚滚洪流，只能败逃去投奔老同学公孙瓒。公孙瓒向刘备演示了最优秀的职业军人屠杀农民军如何砍瓜切菜，然后让刘备跟随自己任命的青州刺史田楷回青州，去对抗袁绍。

这之后，刘备先任平原县令，又升任平原国相，这是二千石的高级地方官。如果是太平年景一切按部就班，以刘备的出身可能奋斗终身，也到不了这个地位。

与刘备升职相关的事实是：袁绍与公孙瓒争夺青州的战争，规模不大，战术水平无足称述，但惨烈程度惊人。作战双方都并不积极寻求与对方主力决战，而是"屯聚钞暴"，即屠杀、抢劫对方控制区的平民，使得对方无法正常获得农业收成，期待用这种方式让敌人自行崩溃。

结果，两支军队竟然都长期坚持下来了。而对青州百姓来说，这自然是灭顶之灾，《后汉书》描述战后景象说："野无青草"。这四个字是写实也是用《左传》中的典故，与之相关的还有一句话："室如悬罄"。房屋好像一直悬挂起来的罄，那自然就是空空如也一无所有。

后来袁绍和曹操决战的时候，青州显得没什么存在感，就是这段时间的内战，使得青州人几乎都死绝了。

这时刘备的表现，后来曹魏的官方史书《魏书》，做了如下记录：

> 备外御寇难，内丰财施，士之下者，必与同席而坐，同簋而食，无所简择。众多归焉。

这种来自敌对方的好评，一般说来可信度是比较高的。看来此时刘备表现出的最大优点：一是善于得到下层士人的人心；二是对乱世的平民来说，刘备的存在多少提供了一点安全保障。

也正是在这段时间里，曹操迅速崛起，那支曾经打败刘备后来又被公孙瓒屠杀的青州农民军流动到了兖州，被曹操收编改造成他手下的一支劲旅。刘备的老同学公孙瓒处境则从辉煌的巅峰跌落：界桥大战中，他被袁绍出人意料地击败，更重要的是，本来公孙瓒只是控制着军队，幽州的政务，当然还是由幽州牧刘虞来主持，初平四年（公元193年）冬十月，为了完全支配幽州，公孙瓒杀了刘虞。

刘虞是"宗室贤俊"，忠心耿耿，仁惠爱民，这件事使得公孙瓒成为千夫所指。

仅仅几个月后，田楷与刘备驰援被曹操攻打的徐州，刘备就趁机离开田楷，转投徐州牧陶谦。

从任何角度看，刘备的这次改换门庭都很难指责：此时公孙瓒表面的气势仍很煊赫，刘备并无临危抛弃故主的嫌疑。恰恰相反，离开杀害刘虞的公孙瓒，就像后来孙策离开僭号称帝的袁术一样，道义上只会是一个加分项。

当然，刘备获益是巨大的。刘备麾下，本来只有士兵千余人，少量胡人骑兵和追随他的饥民几千人而已。陶谦却一下子调拨了四千丹阳兵交给刘备指挥，并推荐刘备为豫州刺史。虽然当时的乱局中，刘备完全不可能真的控制豫州，但面子上，总是又一跃成为州一级的领导。

刘备是精于算计捞到好处还巧妙躲过了道德指控，还是一片真心直道而行于是好人有了好报，自然就看各人理解了。

为了给曹操在徐州的大屠杀洗地，曹魏的官方记录丑化陶谦的动机相当强烈，因为把陶谦说得越坏，曹操的行为就越情有可原。《三国演义》则积极美化陶谦，毕竟"三让徐州"的故事，只能发生在好人和另一个好人之间。当然，一旦企图表现某人道德高尚，就往往把他塑造得软弱无能，是《三国演义》的老毛病，这次也照例如此。

实际上，稍微拼合一下史书中的事实陈述，很容易发现陶谦是个厉害人物。

陶谦是扬州丹阳郡人，这是一个出产精兵的地方，就是说比起刘虞、刘岱、焦和这些仅仅是名士的刺史来说，陶谦自带一个巨大的优势，就是他能直接掌控一支强有力的军队。所以这段时间乱军四起黄巾肆虐，徐州却可以成功将之拒之门外。

和吕布、公孙瓒这些军阀相比，陶谦却有高明得多的政治才能。他成功建立起一套统治秩序，"徐州百姓殷盛，谷米封赡，流民多归之"，相比充斥着战乱和饥荒的邻近州郡，徐州简直是一片诱人的乐土。

陶谦给刘备军队和官衔，当然也有自己的考虑。他让刘备屯驻在小沛,这里控扼着泗水河道,正在曹操出击徐州的首选路线上。陶谦安排刘备为自己挡住曹操的第一波攻势。

但刘备并没有沦为炮灰,恰恰相反,他轻轻巧巧就把这个问题给解决了。

不管有无实权,刘备拥有了豫州刺史的头衔。身为刺史,向朝廷举荐本州人才,既是权力,也是义务。而袁绍的家乡汝南郡,正属于豫州。

刘备举荐袁绍的儿子袁谭为茂才。

这无疑是一个向袁绍示好的表示。刘备如果还在袁绍的死敌公孙瓒手下,这个转身会显得有些扎眼,但他现在隶属于陶谦,陶谦虽然和袁绍之间也别别扭扭,但毕竟没有正式破脸,曹操攻打徐州时袁绍派朱灵率军相助,但朱灵的公开表态是自己愿意从此追随曹操,于是他的部队看起来就成了一支志愿军,此事也就和袁绍无关了。

袁绍留着余地,刘备也就有了可操作的空间。更何况刘备的老师卢植,曾被袁绍聘为军师,刘备向袁绍示好,甚至可谓尊师重道。

陶谦当然也不会反对刘备这么做,因为刘备这个策略对他也确实有利。袁绍接受了刘备的好意,作为袁绍同盟的曹操,也就不好再对刘备下手,徐州的门户,也就有了保障。

在一个复杂的小圈子内部,谁和谁之间都有千丝万缕的联系，不存在绝对的盟友和敌人。什么时候应该坚持，什么时候不妨转身，是一套深谙潜规则之后才能掌握的艺术。像吕布这样的底层闯入者，自然不可能明白这个道理，所以才会把每次转换立场，都弄成血腥的背叛。

不久之后，陶谦去世，他的别驾糜竺公布了陶谦的临终遗命："非刘备不能安此州也。"于是糜竺带人迎刘备为徐州牧。

糜氏是徐州土豪，家资巨富，童仆万人。有人怀疑，这个遗命，与其说是陶谦本人的想法，不如说是反映徐州士族的期待。

在陶谦的治下，徐州的生存状态相比青州、兖州等地当然要好得多，但乱世的秩序，总不过是相对而言的。陶谦倚重丹阳兵，不得不对他们诸多偏袒，丹阳兵的军纪颇为不堪。而这种先军策略之下，本地高门大姓对徐州政务的发言权，也不得不受到诸多压缩。史称陶谦违背道义，放纵性情：

> 广陵太守琅邪赵昱，徐方名士也，以忠直见疏；曹宏等，谗慝小人也，谦亲任之。

读汉末三国的这段历史，大概可以推论：这类"亲小人，疏名士"的指控一旦出现，多半就是在说门阀士族的特权没有得到充分尊重。

而刘备既表现出可观的军事才能，又显然更符合士族社会的标准。由他来接任徐州牧，在徐州士族看来，是非常理想的选择。

对刘备来说，这是一个巨大的诱惑，也是一次艰巨的挑战。士族拥戴自己领徐州，意味着丹阳兵将失去陶谦时代的特权，他们必然会心存不满，成为徐州的内部的隐患。在徐州的南方，袁术自封为徐州伯，正虎视眈眈。

能否处理好徐州的内忧外患，刘备也心中无底。但徐州名士陈登等人非常急于促成此事，陈登在陶谦时代任典农校尉，可能对丹阳兵是一个怎样的财政黑洞，感受特深。更糟糕的是，刘备不接这个烫手山芋，徐州几乎肯定会落入袁术之手。袁术作为顶级士族的嫡子，在名士圈的影响力竞争中败给袁绍之后，就走上了一条奇特的道路：他最喜欢倚靠毫无下限的底层军人（有时又显得好像是农民起义的同路人）充当自己的打手，现在如果他再和徐州的丹阳兵勾结，那是毫不奇怪的事情。

袁术只会大肆搜刮却毫无治理地方能力，到哪里就会把哪里的正常生活彻底摧毁，也已是众所周知：本来富庶的南阳郡，在袁术的统治下就活生生地成了惨案现场。

三十四岁的刘备最终没能抵御住诱惑，决定接受挑战。

尽管史无明文，但可以推断刘备肯定对丹阳兵进行了分化：能拉拢安抚还是尽量拉拢安抚，毕竟这股军事力量对保卫徐州安全确实不可或缺。外部环境上，倒也有对刘备有利的消息传来：徐州人奉刘备为宗主的消息送到袁绍那里，袁绍立刻表态大力支持："刘玄德弘雅有信义，今徐州乐戴之，诚副所望也。"显然，一切能给兄弟袁术添堵的消息，袁绍都乐见其成。曹操与袁绍保持一致，与刘备尽释前嫌，把汉献帝迎到许县后，还封刘备为镇东将军和宜城亭侯。镇东将军不久前还是曹操自己的担任的职务，这个任命，可说极有亲近之意。

刘备心里，应该为如何同时应对袁术的进攻和丹阳兵的叛变做了无数遍预案，但他还是漏算了一个恐怖的威胁。

兴平二年（公元195年），被曹操击败的吕布来到徐州。

刘备其实没有选择，他只能接纳吕布。因为吕布当时已经无处可去，麾下军队却还有相当的战斗力，一旦拒绝，吕布必然会发起攻击，徐州的各种危机将会提前爆发。

刘备让吕布屯驻在下邳以西。基本上，吕布觉得自己是和刘备非常相似的人：出身不高，来自边疆，经常转换立场……所以一见到刘备，就表现出夸张的热情。刘备则认为自己是和吕布根本不同的人，或者说，正因为看来相似，使刘备格外厌憎吕布，尽管刘备不会表露出什么，对吕布是所谓"外然之而内不说"。

建安元年（公元196年）六月刘备与袁术开战，打得"更有胜负"，也就是基本势均力敌。

袁术以提供二十万斛军粮为饵，约吕布抄刘备后路。与此同时张飞与丹阳兵的将领曹豹起了冲突，张飞要杀曹豹（有史料说张飞成功杀了曹豹），丹阳兵也请求吕布出兵。

当初，兖州的士族因为不满曹操的统治，引来吕布与曹操为敌。结果吕、曹大战，把本来富庶的兖州变成一片焦土，如果兖州只是在曹操治下的话，阿瞒手段再怎么残暴，也不至于弄到如此地步。

现在，徐州士人当然不会再重蹈覆辙，但那些失意的丹阳兵不会这么想，他们不是徐州人，却曾经是徐州的主人，刘备来后他们被边缘化，毁掉已经不属于自己的东西，人们往往并没什么吝惜。

吕布袭击刘备的根据地下邳，大破张飞。

刘备的妻子在下邳，刘备的部队的家属也在下邳。刘备可以不在乎妻小，一般士兵却没法不在乎。刘备回师想收复下邳，结果中途军队溃散，刘备集合残余部队想攻取已经在袁术控制下的广陵郡，又被袁术击败。

刘备在广陵陷入了极其困窘的境地，史书中出现了即使在这个惨绝人寰的时代，也显得触目惊心的一笔："吏士大小自相啖食。"

汉末以来，吃人的记录绝不罕见，但一支军队里，士兵吃掉自己的战友，却是绝无仅有的。是刘备的军纪好到冻死不拆屋饿死不抢粮的地步，还是当地已经残破到找不到普通百姓可吃？就不得而知了。

刘备派人向吕布请求投降，吕布手下的众将用一种正人君子的口吻说，刘备为人"数反覆难养"，不如这时就把他除掉。吕布考虑到袁术的威胁，力排众议接纳了刘备，让他仍像陶谦时代那样屯驻到小沛。结果刘备很快又聚合了上万兵力，很可能，徐州百姓感受到此刻徐州秩序的崩溃，——吕布的军队规模不算大，但没有正常的征税体系，实际上往往打劫为生——所以觉得还是只有跟着刘备，才稍微有一点安全感。

这又让吕布感到不安，他亲自率兵攻打刘备。刘备的新兵没什么战斗力，又被击败。

在徐州已经无容身之地的刘备决定去投奔曹操，而刘备和曹操的关系，正如曹操和袁绍的关系，仿佛史书中一个迷雾重重的幽暗洞穴。

曹操与袁绍之间

王粲的《英雄记》里有这样一条记录：

> 灵帝末年，备尝在京师，后与曹公俱还沛国，募召合众。会灵帝崩，天下大乱，备亦起军从讨董卓。

按照这个说法，何进、袁绍与宦官集团互相杀戮，最后董卓进京把持朝政，这一系列大事发生的日子，刘备也在洛阳。

有学者认为，刘备不可能这么早就认识曹操，而王粲是建安七子之首，天才文人，这个身份反而让人容易怀疑他记事的准确性。但换个角度想：那场动乱发生的时候，王粲极可能也在洛阳（所以才会跟着汉献帝一起西迁长安），而且他和刘备都长期生活在荆州，后来又任曹操的近臣。相比《三国志》这样后人撰写的正史，他的回忆，反而是第一手资料。

更重要的是，《三国志·先主传》确实提到，刘备担任下密丞后，曾神秘离职，去做了什么却没有任何交代。这条记录，刚好可以填补空白。

那么，是什么神秘的力量，召唤刘备前往洛阳的呢？毕竟县丞是刘备当时所做过的最大的官。刘备和曹操一起离开洛阳，说明当时他们成了朋友，那他们是这次在洛阳时认识的，还是甚至更早？后来刘备和曹操又是因为什么而分开？更具体说，曹操这次东归，途中发生了著名的屠杀吕伯奢一家事件，当时刘备是否也在现场？

这条简单的记录却仿佛打开了一片沧海，由此可以开出无数脑洞。真是日月之行若出其中，星汉灿烂若出其里。

不管怎么说，建安元年年底，曹操对落难来投的刘备确实非常热情，给予了极大帮助。曹操封刘备为豫州牧，——相比之前陶谦给刘备的豫州刺史头衔只代表一州的监察权不同，州牧有正式的行政权力，而且曹操代表着汉献帝，这个州牧的合法性更非之前可比。虽然从刘备拥有的实际权力上说，可能从来也没有什么变化。

曹操给刘备提供军粮，增加士兵，让刘备回到小沛。建安三年，刘备与吕布间战事再起时，曹操又派夏侯惇助战，结果仍然不敌吕布，曹操便亲自出马，终于使吕布殒命于白门楼。

曹操为什么要杀死吕布而不是收为己用，在史书中有两个不同的版本，一个因为被《三国演义》采用而广为人知，即刘备对曹操说："明公不见布之事丁建阳及董太师乎！"另一个版本中刘备无关紧要：

> 缚急，谓刘备曰："玄德，卿为坐客，我为执虏，不能一言以相宽乎？"太祖笑曰："何不相语，而诉明使君乎？"意欲活之，命使宽缚。主簿王必趋进曰："布，劲虏也。其众近在外，不可宽也。"太祖曰："本欲相缓，主簿复不听，如之何？"（《献帝春秋》）

吕布请刘备为自己求情，曹操说你不直接跟我说，求刘备做什么呢？就想放过吕布。但曹操的主簿王必激烈地主张处死吕布。王必是曹操最初起兵阶段就追随着披荆斩棘的人物，一直是曹操最信任的人物，曹操当然不能不尊重他的意见。

这个版本里刘备没有说话。

之后刘备就追随在曹操身边，两个人好到"出则同舆，坐则同席"的地步。曹操又封刘备为左将军，这是金印紫绶，位次上卿的军职，一直到刘备称汉中王之前，这都是刘备所拥有的最高级的头衔。

如果不想怀疑曹操的智商，那么也许可以推论：之前刘备与袁术、吕布的战争尽管输了，打得并不差，关羽、张飞的神勇，更是众所瞩目。正是刘备极大消耗了吕布的实力，才使得曹操可以获得胜利。曹操本人和他帐下的文武，都对此心知肚明，毕竟，之前他们也被吕布打得差点无家可归，甚至于军队因饥饿而吃人这件事（有吃战友还是吃百姓的区别），他们还可以和刘备的手下交流一点经验。

所以，才有程昱等人提出，刘备"有雄才而甚得其众"，应该尽早除掉。

但是曹操正在图谋一件大事，实力不弱的刘备，在他看来是一个用得着的帮手。

所以，刘备靠种菜假装胸无大志骗过曹操的故事，自然就是无稽之谈了。刘备之前表现出来的实力，早非这种小把戏所能掩饰；曹操更不会被这种弱智手法所欺骗。此事见于胡冲《吴历》，裴松之早已斥其荒诞。《三国演义》照搬，不过说明迷信韬光养晦有效，指望靠装孙子解决问题，这种思路始终很有群众基础罢了。

史书中也没有提及这期间刘备与汉献帝本人有什么接触，《三国演义》说汉献帝查了"宗族世谱"，得到一份从中山靖王刘胜到刘备的完整世系表，确认了刘备的皇叔身份，自然是原创剧情。有人注意到，《三国演义》伪造的世系表太长（可能是因为民间文学对"十八"这个数字的钟爱），刘备比汉献帝反而矮了五辈。当然，也不能因此说"刘皇叔"这个称呼不对，《仪礼·觐礼》云，天子称"同姓小邦则曰叔父"，和辈分无关。民间胡编而与儒家经典暗合，也是有的。

只有曹操与刘备论英雄的内容，《三国志》正文确乎写得字字千钧：

> 曹公从容谓先主曰："今天下英雄，唯使君与操耳。本初之徒，不足数也。"先主方食，失匕箸。

刘备和曹操并没有长篇对话，不是刘备列举了袁术、袁绍、刘表、孙策、刘璋甚至张绣、张鲁、韩遂，曹操一一否决,才推出"今天下英雄,唯使君与操耳"的结论。而是曹操一上来就把刘备和自己并列为英雄,被否定的人物只有一个,就是袁绍。

于是刘备害怕了。

刘备怕的,不是曹操看穿自己是英雄,而是这话的意思明显是,曹操要和自己一起去对付袁绍。

此时曹操和袁绍表面上仍是友好的,而各方面看来,当然是袁绍强大得多。

刘备觉得曹操要拉上自己去自寻死路。

值得注意的是,董承宣称有衣带诏,约刘备对付曹操,本来"先主未发",也就是态度暧昧。曹操论英雄之后,刘备立刻"遂与承及长水校尉种辑、将军吴子兰、王子服等同谋"。

刘备是否曾经依附于袁绍,也是个使人猜疑的话题。但毫无疑问的是,刘备这些年能够建立声望,很大程度得益于袁绍和倾向袁绍的名士圈。当年刘备在青州曾有与袁绍手下的杂牌军作战,但以刘备军事经验之丰富,自然知道袁军主力的战斗力非杂牌可比。可以帮助刘备判断的信息有:公孙瓒的精锐是刘备望尘莫及的劲旅,而公孙瓒不但惨败于袁绍之手,甚而出现了心理崩溃的迹象,他人生最后的岁月龟缩于易京楼不出,并给儿子写信说:"袁氏之攻,似若神鬼,鼓角鸣于地中,梯冲舞吾楼上。日穷月蹴,无所聊赖。"所以曹操想击败袁绍,

第五章 折而不挠

刘备很难对他有多少信心。

加入董承的密谋，反而体现的是刘备的求生欲。

当然，西北军阀出身的董承无论如何不是一个理想的合作者，建安四年底，刘备得到了一个更好的机会，统军前往徐州讨伐日暮途穷的袁术，成功后刘备就势宣布，反对曹操而与袁绍联合。

接下来建安五年即官渡之战那一年，刘备可能是跑路最多的人。

正月，刘备在徐州，被曹操闪电战击败。

刘备逃到袁绍处，袁绍接待他的规格极高：出邺城二百里迎接。一般说来，《三国演义》中的数字总比历史夸张，但这个距离连《三国演义》都觉得过分，强行缩短为三十里。

袁绍与曹操开战，四月，刘备与袁绍帐下大将文丑率领的骑兵中了曹操的诱敌之计，被杀得大败，文丑阵亡，刘备逃脱。

七月，袁曹军在官渡相持，战局最艰苦的阶段，刘备绕到了曹操的后方袁绍的家乡汝南郡，向曹操发起进攻，又被曹操的大将曹仁击败。刘备逃回了官渡袁绍军营。

刘备劝袁绍联合刘表，于是率领自己的部队又到了汝南。这时曹操已经调拨不出精兵对刘备作战，只派名不见经传的蔡杨进攻刘备，蔡杨被刘备杀死。

据说，刘备被曹仁击败后，就已经起了离开袁绍投奔刘表的念头。但他还是坚持回到官渡向袁绍说明了联合刘表的思路，而再次到汝南，也一直坚持到乌巢火起袁绍失败，曹操亲自来讨伐汝南，才向荆州方向败退。

虽然于事无补，但刘备至少场面上倒是没做对不起袁绍的事。

接下来，刘备将迎来他人生中最太平无事的七年，也终于迎来了如鱼得水的那一天。

第六章 荆州！益州！

隆中对

建安六年（公元201年），刘备到了荆州，受到刘表高规格的接待，也引起了当地不小的震动。刘表让刘备屯驻在新野，也就是为自己看守北门。

之后的岁月里，曹操忙于平靖北方的扫尾工作，荆州很少会受到威胁。刘表当然也不会主动挑起战争。

所以这七年里，刘备才会有髀肉复生的感叹。重要的军事行动只有一次，刘备的军队北上出击，一直打到叶县。古老的春秋时期，这里就是南方的楚国和中原之间的一处重要关塞，此时曹操派驻在这里的，是河南尹、伏波将军夏侯惇。

面对夏侯惇的迎击，刘备先焚烧了自己的营垒后撤，再利用地形反击，结果大破夏侯惇。

这一仗刘备是进攻方，发生在刘备投奔刘表后不久。诸葛亮还在隆中高卧，完全是刘备自己指挥的，当然也不存在《三国演义》里军师的那些锦囊妙计。

同时,"荆州豪杰归先主者日益多",刘表也就开始对刘备有了疑心,暗暗提防他了。

史书中没有罗列这些"荆州豪杰"究竟是什么人。据情理推想,荆州本地的士族,大多对刘备是不感兴趣的。他们最在乎的是自己在本地的特权地位,对他们来说,刘表有高贵的血统,美好的声誉,不错的行政才能,甚至还有一副漂亮的皮囊,却没有多少雄心壮志,堪称是一个完美的荆州牧。这些特点,令刘表足以维持荆州地区的平靖,却没有北上争雄的野心,或至少没有那个行动力。所以荆州的实力家族,如蒯、蔡、庞、黄等等,都对刘表非常支持。

刘备的特点,不少地方和刘表刚好相反,所以他们自然也就不会喜欢刘备。

荆州作为相对安靖的地区,这段时期有大量人口输入,其中也有许多北方士族。这些士族是被荆州本土的家族所高度警惕的。

第一,他们可能有杀回北方去的野心,这和本土士族的立场有根本矛盾;第二,即使他们不想这么做,让他们分享荆州的政治实权,也意味着本土士族的蛋糕被切掉一大块。

所以,我们看到史书中有大量刘表不会用人的记录:这些北方士人到了荆州,刘表只是给他们提供物质待遇,愿意和他们谈谈玄妙的学术问题,但不让他们介入实际行政事务。很可能,刘表是在本土家族的压力下,不得不做这样的安排。

但这些被排挤的北方士族,乐于归附刘备的实际上也不多。

那个年代有高远追求的士人,都相信自己的事业终究是在北方。所以早在建安初年,曹操把汉献帝接到许昌,北方的形势稍微有所好转的时候,荆州就出现了一次还乡潮。其中最著名的人物是荀攸和祢衡,他们离开荆州如此之早,以至于《三国演义》甚至疏忽他们的人生中还有这样一段南方之旅。

留在荆州观望的北方士人,很多人也是在等待北方恢复安定和平的局面然后回家。回去得晚,意味着他们不能像第一批回乡者那样,在那位中原的胜出者身边搏取更大的功名;但凭借良好的家世,州郡一级的官员,还是可以指望的。

既然他们是这样一种求稳健的思路,当然也就没有兴趣陪着刘备冒险。

《三国演义》讲述刘备三顾茅庐的故事的时候,非常巧妙地穿插,让诸葛亮的朋友也纷纷亮相,如颍川石广元,博陵崔州平,汝南孟公威等人。《三国演义》把他们塑造成高洁的隐士,因此拒绝了刘备的聘请,对照史实,则可以发现他们都是满怀求仕之心却看不上刘备而已。当然,作为很有教养的人,他们知道怎样保持面子上的客气。

史书还记录，诸葛亮对他们说："卿三人仕进，可至刺史郡守也。"恐怕不仅因为他们是读书琐碎认真的好学生派头，而是他们自己的人生规划，明显就是如此。想找个大企业就职，不想把自己的命运押进一个创业团队赌博，本是自然不过的心理。

排除掉上面这些人之后，刘备到底吸引来的哪些豪杰？也就可以有个大致判断了。

这是一些被本土豪门大姓排挤、压制而郁郁不得志，同时又觉得自己去到北方，也一样不会有什么机会的人。

刘备的到来，燃起了他们心中的希望之火。

这些人里，最著名的是徐庶，他是所谓"单家子"，"单"是人单势孤的意思，就是说，徐庶出身于一个远非显贵的家族。不过徐庶是颍川人，那是个有文化的大家族扎堆的地方，徐家也许只是成色稍逊，就难免被鄙视了。

另一个比较重要的人物是伊籍。伊籍是兖州山阳郡人，刘表的同乡，追随刘表来到荆州。按说，他应该是刘表最坚定的追随者，可是他却是最早选择刘备的人物之一。从后来的表现看，伊籍的长项，主要在两个方面：一者，作为外交使节，伊籍辞锋相当锐利；二者，伊籍是个法律人才。蜀汉的法典，是伊籍与诸葛亮、法正、刘巴、李严共同制定的。这部被魏晋官方称为《蜀科》的法律，具体内容虽然不可考，但可以肯定，基本特征是严苛却公平。这是世家大族最不喜欢的法律：他们不喜欢国家对自己太严苛，也不喜欢被和小老百姓一样对待的那种公平。

所以伊籍这样的人在刘表身边，肯定无用武之地。这大约也是他主动加盟到刘备身边的原因。

还是要关注那个极其著名的历史场景，曹操大军压境的时候，刘备想赶往江陵，一路上追随者越来越多，到当阳时，已经"众十余万，辎重数千两"。

根据当时的社会结构推想，这十余万人，应该不是一盘散沙的个人，而是归属于几百个中小型宗族。这些宗族的头面人物，才是归附刘备的"豪杰"的主体。

所以，这期间加入刘备阵营的人里，诸葛亮不仅是公认最有智慧的一个，而且还是出身最高贵的。

在《出师表》里，诸葛亮自我介绍说："臣本布衣，躬耕于南阳。"宣称自己有种地的经验，是古人惯常使用的谦辞，即使确实参与耕作劳动，也不反映社会等级。琅琊诸葛氏是当时重要的家族，至少到南方后算得上足够显赫。十四岁的诸葛亮来到荆州，很快就进入了当地顶级的名士圈子。诸葛亮的姐姐嫁给了襄阳名士庞德公的儿子，诸葛亮被黄承彦招为女婿。而黄承彦本人则是蔡讽的女婿，蔡讽有个儿子叫蔡瑁，蔡讽的另外一个女婿，就是荆州牧刘表。

所以，诸葛亮如果想进入荆州官场，无疑轻而易举。但诸葛亮和他朋友圈里的许多人一样，没有做这个选择。

但诸葛亮和其他人的想法不同，不是想回到北方，而是"每自比于管仲、乐毅"。

这个说法反映出的自我定位耐人寻味：管仲、乐毅都为诸侯效力而非服务于天子；作为臣子，他们都总揽大权，以至于充分信任他们的君主几乎无所事事；还有一点是：管、乐都以功业见称，道德评价则并不突出，尤其是管仲，经常被当作一个实用主义的典型。

后来会成长为周到、细密得有些絮叨的诸葛丞相，令人景仰的道德完人，高卧隆中的伏龙先生，他自己恐怕也没有料到。像许多天才横溢的年轻人一样，青年诸葛亮最引人瞩目的地方，是有些轻狂的姿态和强烈的进取心，道德高尚与否，并不是最被关注的事情。

这种态度，也分明体现在著名的"隆中对"里。

诸葛亮和刘备究竟谁先拜访的谁，刘备三顾茅庐究竟是第三次才见到本尊还是见了三次聊了三次这才大为叹服，未必是值得花大工夫弄清的问题。重点是隆中一对，确实指明了刘备政权之后的走势，诸多风云激荡是非成败，都根植于此。

《隆中对》是一份极度重视可行性，而很少体现出道德责任感的文本,比如"夺同宗基业"是否属于卑鄙行为这种问题,就不在考虑之列。如果它确实如有的学者推测的那样,是后来加工过的,那么这个特色会显得更加扎眼。

屏退左右之后,刘备做出这样的表白:"汉室倾颓,奸臣窃命,主上蒙尘。孤不度德量力,欲信大义于天下。"这句话里的奸臣,自然只能是指曹操,也就是说,刘备向诸葛亮询问的,本来是对付曹操的办法。

但诸葛亮直接甩开了这个问题:

> 自董卓已来,豪杰并起,跨州连郡者不可胜数。曹操比于袁绍,则名微而众寡,然操遂能克绍,以弱为强者,非惟天时,抑亦人谋也。今操已拥百万之众,挟天子而令诸侯,此诚不可与争锋。
>
> 孙权据有江东,已历三世,国险而民附,贤能为之用,此可以为援而不可图也。
>
> 荆州北据汉、沔,利尽南海,东连吴会,西通巴、蜀,此用武之国,而其主不能守,此殆天所以资将军,将军岂有意乎?
>
> 益州险塞,沃野千里,天府之土,高祖因之以成帝业。刘璋暗弱,张鲁在北,民殷国富而不知存恤,智能之士思得明君。

> 将军既帝室之胄，信义著于四海，总揽英雄，思贤如渴，若跨有荆、益，保其岩阻，西和诸戎，南抚夷越，外结好孙权，内修政理；天下有变，则命一上将将荆州之军以向宛、洛，将军身率益州之众出于秦川，百姓孰敢不箪食壶浆以迎将军者乎？诚如是，则霸业可成，汉室可兴矣。

诸葛亮的第一段的总结就是，曹操"诚不可与争锋"。也就是要刘备暂且放弃进取中原的打算。

接下来，诸葛亮又让刘备避免和孙权发生冲突。

排除掉这两个眼下不可战胜的对手，留给刘备开拓的空间已经不多了。诸葛亮替刘备拟定了一个三步走的计划：

第一步，夺取荆州；第二步，夺取益州；第三步，跨有荆、益之后，等待时机，两路同时出兵北伐。

刘备此时身在荆州，以夺取荆州为第一步，是理所当然之事；夺荆州之后，北伐曹操、东征孙权两个选项，诸葛亮已经否决，荆州再往南去过于荒凉，只剩下西进益州一个选项，第二步其实也别无选择。

这个时代，南方毕竟仍与北方差距巨大，即使集中整个长江流域的资源，与北方对抗也是勉为其难。既然江东的孙权已经强大到"可以为援而不可图"的地步，刘备连这一点也不可能做到。

而长江流域的地理形势又决定了，荆州和扬州之间的关联，远远大于荆州与益州之间，益州和荆州要想做到军事协同，极其困难。早在诸葛亮之前，鲁肃曾向孙权提出过一个以江东为根据地，一统益州、荆州、扬州的计划。诸葛亮为刘备拟定的发展方略如果实现，也就意味着鲁肃那个计划的破产。因此据有荆州而结好孙权，也就注定是难以实现的目标。

这是所谓隆中对的"内在缺陷"。后世政治家点破这一层确属卓识，诸葛亮也未必意识不到这一点，一个非常直观的表现是，他向刘备描述第三步的远景规划时，一改原来的朴实简劲的话风，既加了假设条件，又不得不大量借助"将军既帝室之胄，信义著于四海"，"百姓孰敢不箪食壶浆以迎将军者乎"之类的道德语言。

此时刘备只有一县之地，隆中对的前两步，也都已经是凶险万分变数无穷的险棋。将来若是能够有资格面对这个"内在缺陷"，其实已经是取得绝大的成功了。

果然，曹操连走第一步的时间，都没有留给刘备。

赤壁前后

建安十三年，刘表病逝，曹操大军以排山倒海之势而来。荆州各方势力对曹操出奇的顺从。流寓荆襄的名士王粲，归顺后被曹操任命为丞相掾，一次酒会上，王粲歌颂曹操说："引其贤俊而置之列位，使海内回心，望风而愿治，文武并用，英雄毕力，此三王之举也。"这话不能仅仅理解为谀辞，而是代表很大一批上层人士的心声。

这种情势下，必须和曹操死磕到底的刘备，就成了一颗弃子。

按照《先主传》的描述，这时诸葛亮再次表现得像个冒进的赌徒，他劝刘备抢在曹操到来之前，劫持刘琮，据有荆州。但刘备说："吾不忍也。"另一些记录里，刘备的话更长，提到自己和刘表之间情谊，以及自己的道德责任感，因此更有催人泪下的效果。

从不那么高尚的角度观察此事，刘备可能是吸取了徐州的教训。那次刘备的别驾从事陈群就劝他不要趟徐州的浑水，刘备不听，结果陈群预言的危机——都变成了现实。实力不济的时候，贸然占据一个大州，即使暂时成功，接下来也会崩盘。就算控制了刘琮，蒯越、蔡瑁这些本土实力派又怎么可能支持自己？本来就强弱不敌还离心离德，这种情况下又谈何对抗曹操？

在荆州刘备没有重蹈覆辙。这次放弃，长远看来可能确实为刘备带来了巨大的收益：一是提升了他在荆州人士中的声誉，二是给了刘璋请刘备去益州的勇气。

在当阳又一次惨败之后,刘备和刘表的大儿子刘琦会合,逃到夏口。接下来,经东吴的鲁肃牵线,诸葛亮出使江东,促成了孙刘联盟。

各种迹象都表明,曹操这一年本无进攻江东的打算。荆州这块肥肉曹操需要消化一段时间,他希望自己的赫赫兵威能够震慑得孙权顺服,但真的"会猎江东",并不在最近的日程表上。换言之,孙吴集团当时并没有面对是降是战的生死抉择,孙权还大可置身事外。

诸葛亮为何能说动孙权与曹操为敌?除了《诸葛亮传》所记录的动人说辞之外,刘备为了让孙权出兵,应该还做了重大利益让步。后来纠缠不清的所谓"借荆州"公案,或许就是这时埋下的根源:这种私相授受根本见不得阳光,所以后来刘备方面固然理屈只好不断打流氓腔,孙权方面也不敢挑明这一点只好竭力贬低赤壁之战中刘备的贡献。

联军在赤壁获胜,继而又经过一年鏖战,迫使曹仁放弃江陵北逃后,孙权以周瑜领南郡太守,程普领江夏太守,——南郡是刚刚从曹操手中夺得的,江夏干脆本来就在刘琦、刘备手中,孙权凭什么任命这两个郡守?可能就是战前存在某种约定。

这段时间的战况,历史记录虽然互相歧异扑朔迷离,但还是可以判定,获胜全靠周瑜、刘备全程捡便宜的说法,是不成立的。

讨伐董卓以来,北方逐步进入全面战争状态,动员之深入,组织之高效,战斗之凶残,都不是南方的低烈度战争可比的。孙权的父亲孙坚在战争年代开始之初,表现出超越群伦的攻击能力,那是因为北方整个社会军事化的转变,才刚刚开始。而随着孙策转战于东南,这支部队就脱离了这个进程。

孙策征服江东时当然所向无敌,但对手大多是鱼腩部队。刘备尽管败多胜少,却全程参与了北方的残酷战争。一支在马尔代夫、柬埔寨、印度身上捞足积分的足球队,和一支不断败于巴西、德国、意大利但总能引起对手高度重视的球队,孰强孰弱,看之前的胜率恐怕不足以判断。

水军是吴军特有的优势,但陆军是另外一个问题。火烧战船之后,如何攻克曹操的陆军大营仍然是巨大难题,而事实上整个三国时代,攻坚战东吴就从来没有拿出像样的战绩。

赤壁之战及之后攻取江陵的战事中,刘备怎样发动攻势,散见于许多相关人物的传记中,相比《江表传》里生动完整充满细节的故事,这些记录反而不大可能造假。

文学性不那么强的东吴文献,实际上也承认刘备的贡献。孙权、周瑜的传记中,都说明了己方是与刘备协同作战。最有趣的是张勃《吴录》(此书为孙权立了本纪,绝对是东吴立场)记载,攻打曹仁驻守的江陵城的时候,刘备与周瑜还进行了一次兵力交换：张飞带一千人追随周瑜，周瑜则拨二千兵给刘备，去劫曹仁后路。

后来周瑜认定，刘备是"枭雄之姿"，关羽、张飞是"熊虎之将"，所以向孙权建议，无论如何要把刘备囚禁起来，而让自己来指挥关羽、张飞，"大事可定也"。虽然很难理解他凭什么相信关、张会服从他的指挥，但他对刘备方面的战斗力，显然不敢小觑。形成鲜明对照的是，直到夷陵之战开始的时候，刘备麾下的将校，对吴军仍然颇为不屑。

彼此印象如此，显然和此前协同作战的经验有关。

早已有无数人指出，《三国演义》描写的诸葛亮三气周瑜，并最终导致周瑜死亡的故事，历史上并不存在。周瑜在荆州的时候，年轻的诸葛亮资历尚浅，以军师中郎将的身份负责零陵、桂阳、长沙三郡的后勤工作，和周瑜之间并不构成竞争关系。但问题是，诸葛亮没有羞辱周瑜，不等于没有人这么做。

事实上羞辱周瑜的，正是刘备本人。

周瑜力排众议，促成孙权出兵与曹操一战。正因为这一战本来是非必要的，而东吴内部又有巨大的反对声浪，所以战胜后的收益，就显得尤其重要。

一开始周瑜战果辉煌。从火烧赤壁到曹仁弃守江陵，曹操的势力基本退出了荆州，只占有襄阳一带作为最后的据点。刘表的长子刘琦虽然获得了荆州刺史（不是州牧）的头衔，但那只意味着虚幻的监察权，荆州最重要的两个郡——南郡和江夏郡，都到了东吴手中。稍微美中不足的是，刘备占据了不那么重要的江南四郡，还有南郡的长江以南部分，也留给了刘备。

但周瑜很快就不得不面对一个事实：江东在荆州，有一份沉重的负资产。

当年，孙权的父亲孙坚曾任长沙太守，他先逼死了荆州刺史王睿，又杀害了南阳太守张咨，手段既奸诈又凶暴。后来，孙权的哥哥孙策在江东大肆杀戮士族的恶名，当然也会传到荆州来。而就在赤壁之战这一年的年初，孙权攻克过江夏郡，那时孙权还完全没有想到自己很快就会占有荆州，所以只把自己当作一个入侵者，在江夏既屠了城，又抓走男女数万口做奴隶。

总之一句话，孙家在荆州可谓臭名昭著。

所以周瑜这个南郡太守屯驻在江陵，对荆州人士没什么吸引力。

而就在长江对岸，不过几十公里外的油江口一带，就是刘备屯驻的公安（今湖北公安县），据说因为刘备被人尊称为"左公"（刘备有一个左将军的头衔），这个地名是取左公从此获得安定的意思。

那里是一派兴旺景象。

荆州本来就有很多人拥戴刘备，曹操撤出之后，本来倾向曹操的人，也宁可选择刘备了。为了追求对人口的控制，曹操动辄喜欢大规模远距离的移民，而在当时的交通和补给条件下，这种迁徙往往就是一次死亡之旅。所以这个时候，"刘表吏士见从北军，多叛来投备"。

建安十四年底，刘备到京口（今江苏镇江）会见孙权。这次会面里最为人喜闻乐道的情节，是刘备娶了孙权的妹妹（实际上联姻时间还要更早一些）。更重要的事实，是刘备表孙权为车骑将军、徐州牧，作为交换，刘备请求孙权让自己都督荆州。

孙权原来的正式官衔，仅仅是讨虏将军、会稽太守，比刘备这个左将军、豫州牧要低得多，车骑将军却位在左将军之上。所以刘备的举动，等于承认同盟中孙权的地位高于自己。而刘备"求都督荆州"，看起来也合情合理：一来，他本来就是荆州地区最有影响力的人；二来，曹操赤壁战败后，改由合肥方向进逼江东，孙权有必要收缩力量，干脆把荆州防务交给刘备，不失为减轻负担的善策。

但这样一来，身为南郡太守的周瑜，就处于尴尬地位，这等于是宣告了他在荆州地区全部工作的失败。进一步说，因为他的极力主张，江东的军队才在遥远的荆州与曹操一场大战，结果所获无几，却从此结下曹操这个仇家。那些本来主张和平的人，会怎样攻击周瑜，也就可想而知。

所以周瑜极力反对这个策略，他向孙权提出，用荣华富贵把刘备软禁起来，而让自己来指挥关羽、张飞。这个方案被否决后，周瑜又提出，可以联络马超，一起去征服巴蜀。孙权同意，但周瑜很快病故，这次远征也就永远停留在计划中了。

南有刘备，北有曹操，在这种包夹之下，仅仅依托沿江的狭长地带，就想去远征益州，这个创意实在过于狂野，除掉周郎的狂热粉丝，大概都不会认为有多大的可行性。不过在当时那种情势下，周瑜也只有通过这种方案，来捍卫自己的荣誉。从这个角度说，周瑜在巴丘病故，不论对他个人的身后名还是对江东将士而言，都是一件幸事：一个相貌俊美，文艺才华出众，有美貌的妻子，还有炽烈梦想的少年英雄，打赢了一场史诗级战争后突然病故，注定会成为令人神往又叹惋的传奇；对江东将士而言，好处则更加直接：不必因为志大才疏的统帅而做无谓牺牲的炮灰。

周瑜提议孙权囚禁刘备，自然是绝密的情报。但他任南郡太守时手下的一个功曹，后来却把消息透露给了刘备。这使刘备对江东大为痛恨，而且从此拒绝履行诸多对江东的义务，也就有了理由。

这个功曹的名字，叫庞统。

建安十五年（公元210年）周瑜去世，孙权又经历了一番犹豫，终于同意鲁肃的建议，把荆州借给刘备。

实际上，荆州七郡，南阳郡很早就归属于曹操，江南四郡是刘备自己攻取的，江夏郡仍然在孙权手中，所谓借荆州，仅仅是借南郡。仅以南郡而言，也很不完整：刘表时代南郡的郡治（也是荆州州治）襄阳，也属于曹操，南郡的江南部分，则在赤壁之战后不久，就归了刘备。

所以所谓借南郡，核心又在于借江陵（今荆州市）。

但一个江陵，分量也就够了。赤壁之战前，曹操不顾兵家大忌，一日一夜疾行三百里也要追上刘备，就是唯恐刘备占据江陵；赤壁之战后，周瑜与曹仁血战一年，身受箭创也要亲临前线鼓舞士气，才终于攻取的，也是江陵。

整个荆州地区范围里看：要想争夺天下，最重要的城市是襄阳；要想攻克江东，最重要的城市是夏口（今武汉）；但要想占据整个荆州，核心城市则正是江陵。

所以借江陵就说是借荆州，实在也无不可。

据说，听到这个消息的时候，曹操正在写字，惊得笔都掉到了地上。

这段时间里曹操没有再次大规模南征，主要原因当然是忙于巩固自己在北方的统治，把个人权力制度化，但一个原因可能也是用当年收拾袁绍几个儿子的故智，我不打你，你就自相残杀了。

现在的形势发展，却表明孙刘联盟坚固得很，刘备占了江陵，他调动荆州资源的能力，当然非周瑜可比，曹操要想再取荆州，也就困难得多。

于是曹操干脆放弃了南征打算，往西去打汉中的张鲁。而要征汉中，大军要先从关中地区经过，关中的韩遂、马超等人担心曹操要趁机袭击自己，恐惧之下，他们主动发起攻击。

曹操的真实意图大概正是如此，关中是帝王之宅，形胜之地，翻检秦王扫六合、高祖平天下的历史，更会觉得这里的重要性绝非处江湖之远的荆州、扬州可比，不直接控制总是心有不安。但当地这些军阀这些年来又表现得很恭顺，主动进攻他们也没有理由，那就想办法逼他们造反。

对南方则是继续观察：孙权和刘备究竟能和谐多久。

最大的污点

事实上，听说了曹操要攻打汉中的消息，最先感到坐不住的南方势力，是益州的刘璋。

刘璋的父亲刘焉怎样成为益州牧，刘璋又是怎样继承了父亲的权位，细细说来都是曲折的故事。但不管怎么说，现在困扰刘璋的问题是益州的内部矛盾：

汉献帝即位以来，关中、南阳等地都有大量人口涌入益州，这些人被统称为"东州人"，由他们组成的军队，是所谓"东州兵"。

东州人和益州本土人士矛盾很大。刘焉依赖东州人对益州进行统治，但刘璋即位之后，东州兵越来越骄纵，也不怎么服从刘璋的权威。

曹操攻取荆州的时候，刘璋早早就派别驾从事张松等好几批人去见曹操表示拥护，一个原因，也是希望借助外力来压服内部的不稳定因素。

但曹操之前的战事进展得太顺利，志得意满之时，没太把张松当回事。

张松很受伤，于是就结好刘备，又回去向刘璋说曹操的坏话。

别驾是州刺史的佐官，因为地位比较高，出行时单独有自己的车，所以叫别驾。别驾的责任很重大，据说"其任居刺史之半"。曹操不把张松这半个刺史当回事，大概整个刺史，他也不会太当回事。

所以张松的话，在刘璋听来，很有说服力。

曹操打完汉中之后，多半就是要攻打益州的。那时候，益州的防御，就更加依赖东州兵，这些军人的地位会进一步提升，刘璋的日子也就更难过了。

其实，东州兵只是喜欢为所欲为的特权，倒没有想推翻刘璋的意思。但身边的人伤害了你冒犯了你，那痛感、委屈感可以无限放大，对遥远的陌生人，倒不妨做美好的想象。

张松提议刘璋去请刘备来帮忙，说了三个理由：第一，大家都姓刘，是宗室，有亲近感；第二，刘备和曹操有深仇；第三，刘备比较能打。所以用刘备来攻取汉中，然后在那里抵抗曹操入侵，最合适。

让刘璋愿意信任刘备的，大概还有一个原因是，此前孙权约刘备一起去攻占益州，刘备拒绝了，后来孙权又想单独出兵，刘备封锁了水道，高调宣称："汝欲取蜀，吾当被发入山，不失信于天下也。"简直仗义得不得了。

终于在建安十六年，刘璋不顾益州内部强烈的反对声浪，邀请刘备进入益州。

刘备和刘璋在距离成都三百六十里的涪城欢会饮宴长达百余日。双方"车乘帐幔，精光曜日"，气氛极其热烈。最后，刘备驻扎到了葭萌关。

和谐欢洽的表面下隐藏的剧情是，刘备手下的庞统，刘璋手下的法正，都劝刘备突袭刘璋，一举取得益州，但刘备没有听从。

《三国志》将法正、庞统合为一传，因为他们都是帮助刘备取益州的关键人物，这两个人还有一个共同点：他们的出身门第虽非顶级,却也不低,但青少年时代,却都有某种不得意。

法正是扶风郿县人,他的祖父虽然没有做官,但士林中声誉很高,被尊称为"玄德先生",按照东汉的风气,这种名声比那些仅担任过低级官吏的履历,其实要有份量得多。法正的父亲做过司徒掾、廷尉左监。司徒是"掌人民事"的三公之一,廷尉则是国家最高司法机关。法正的父亲在这两个部门担任中层干部,官虽然不算很大,但眼界却很容易培养得很开阔。

但法正成了一个失意者,他成了李傕、郭汜之乱时的流民潮里的一员,从关中来到益州。这倒还没有什么,糟糕的是接下来他因为"无行"被同乡排挤。如果益州的日子一切正常,他是只能做父亲的不肖子了。

法正把刘备的到来,看作改变自己命运的机会。

庞氏是襄阳大族,庞统的许多宗亲,都选择了归附曹操。如庞统的堂兄,娶了诸葛亮的姐姐的庞山民就是如此。庞统的弟弟庞林,和庞统一样选择了刘备,但庞林的妻子却流落到了曹魏,守养幼女十多年。后来刘备猇亭兵败,庞林投降了曹丕,倒是成就了一段破镜重圆的佳话。曹魏对庞林也颇为优待,封他为列侯、巨鹿太守。

以这样的出身,本来在荆州地区,庞统的好名声应该唾手可得。但除了家族的长辈庞德公和忘年交司马徽极力为他炒作,把他和诸葛亮相提并论称为"凤雏"外,实际上他却"少时朴钝,未有识者"。后世的小说、戏曲往往说庞统极其丑陋,大概是由"朴钝"二字所做的发挥。

周瑜去世后,庞统作为南郡太守的下属,送丧到吴郡,因此和江东名士有过一番对谈。这场景倒有点像舌战群儒,庞统辞锋锐利,对陆勣、顾劭、全琮等人都明褒暗贬,做了极为精准刻毒的讥讽。而庞统的自我评价是:

"论帝王之秘策,揽倚伏之要最,吾似有一日之长。"

这完全跳出了名士正常的评价标准,实际上等于宣称,他要做一个靠阴谋改变天下的人。

鼓动刘备杀死刘璋取得益州,就是庞统在展示自己的"一日之长",这是成就刘备,也是让庞统一纾少年时代"未有识者"的积郁之气。

刘备的行动不像庞统、法正所期待的那么躁进。不管怎么说,自己受邀而来,一到就攻击充满了善意的主人,苦心经营了几十年仁义之名,就会瞬间破产。益州内部势力错综复杂,自己这么做了,就会把绝大多数人都变成自己的敌人,今后就只能靠暴政维持统治。

刘备期待做得更有耐心一点，"厚树恩德，以收众心"，等待自己在益州打下一点基础，而刘璋再犯几个错误，自己有足够理由可以宣称刘璋对不起自己，那时再行动，就好看得多，后续措施，选择余地也大得多。

可惜一个意外事件，使得所有人都看得清清楚楚，再好的演技，毕竟也只是演技。

接下来的建安十七年，应该是汉中张鲁活得非常迷惑又幸福的一年。

之前曹操声称要来讨伐自己，于是就和关中的韩遂、马超打起来了。结果曹操打败了马超等人就回去了，仿佛之前讨伐汉中的命令，根本不存在。

刘璋请刘备入川，也说是要来夺取汉中。结果刘备驻扎葭萌关，一点没有要出兵的意思。

到汉中来的，就是因为战乱在关中地区待不下去的百姓，"从子午谷奔之者数万家"。在这个人口锐减的年代，来这么些人，都是财政收入。

因为这一年，刘备在基层忙小事，曹操在高层忙大事。

刘备要收买益州的人心，为将来反客为主做准备；曹操在试探天下的人心，测试自己要想当皇帝，阻力究竟有多大。

曹操想加九锡，当魏公，结果荀彧反对。曹操知道自己的声望还是不够，于是决定再打一次孙权，而荀彧就神秘死亡了。

孙权向刘备求救，刘备就派人对刘璋说，我要去救孙权，而且关羽那边也很危险，所以请赞助我一万士兵和相应的军需粮草。

这个要求实在是狮子大开口，而且可以想象，就算刘璋勉为其难答应了，刘备还会提出更令人难堪的要求，直到刘璋无法答应为止。

刘璋给了刘备四千兵，其余要求都满足了一半。刘备就煽动士兵，我们大家如此辛苦，刘璋积累了那么多财富，却这么吝啬，还怎么让人为他效力呢？

与此同时，刘备假装要离开益州的消息，却让张松信以为真。他写了封信给刘备和法正，说大事眼看就要成功，怎么可以半途而废呢？

张松的哥哥发现了这封信，怕被连累，就去检举揭发，刘璋杀死张松。刘备入川一开始就没安好心，这下子路人皆知。刘备要想继续表演刘璋亏待自己，自己忍无可忍才绝地反击的戏码，就成了一出闹剧。

于是刘备撕下一切伪装行动起来，他先趁着邻近的重镇白水关守将还没有得到消息，召来议事然后杀死，又挟持益州诸将和士兵的妻小做人质，逼他们都服从自己的指挥。

刘备的军队开始向雒城方向挺进，此时刘备从荆州带来的军队并不太多，其余人则并不忠诚，所谓"兵不满万，士众未附"。益州诸将可能也有人听说过刘备常败将军的名声，几路人马纷纷前来狙击。刘备就让僻处西南的军将见识到中原的尸山血海中搏杀出来的战斗力有多么恐怖。张任等人先后被刘备击败，刘璋又派南阳人李严都督绵竹诸军迎战，结果李严直接向刘备投降了。

于是刘备召诸葛亮、张飞、赵云等人入川。也就是说，并不是像《三国演义》描写的那样，刘备战况不利才不得已向诸葛亮求援，而是刘备在主战场的表现足够好，所以需要更多人手来完成对益州的全面占领。

事实上，反而是大部队进川之后，益州军队也已经吸取了教训，不再与刘备野战而是死守雒城，刘备的处境倒变得艰难，庞统正是在围城战中中流矢而死的。这期间孙权手下有人做了这样的判断，刘备"部众离落，死亡且半，事必不克"，而北方甚至有谣言说刘备已死，群臣纷纷去向曹操道贺。

建安十九年夏天，被围攻了将近一年的雒城终于陷落，成都城高大的城垣，又出现在刘备面前。但接下来并没有再出现一轮旷日持久的围城战，刘璋只守了几十天，就投降了。

刘备能够这么快取得成功，给他最大帮助的，不是庞统不是张松不是法正更不是马超，而是刘璋本人。

首先，是刘璋自己请刘备入川的，当时，巴郡太守严颜就拊心长叹："此所谓'独坐穷山，放虎自卫'者也。"

其次，与刘备开战之后，刘璋本可以采用坚壁清野的战术，那么刘备就极可能陷入绝境。曹操、孙权方面会有刘备必败的判断，可能正是因为对这些叱咤风云的英雄人物来说，这本是常规操作，他们无法想象刘璋会真的相信"吾闻拒敌以安民，未闻动民以避敌也"，竟然拒绝这样做。

最后，成都城中"尚有精兵三万人，谷帛支一年，吏民咸欲死战"，如果刘璋决意死守，那么刘备即使能最终获胜，也必将付出惨重代价，但是刘璋说：

"父子在州二十余年，无恩德以加百姓。百姓攻战三年，肌膏草野者，以璋故也，何心能安！"

刘璋直接选择了开城出降。

一些零零碎碎的记载，暴露出攻克成都后，刘备的军纪一度颇为糟糕。《云别传》称：成都城里的房屋和城外的土地，都被诸将瓜分。因为赵云高风亮节劝阻此事，这些田宅才被归还。陈寿的《先主传》尽管对刘备颇多回护，但也还是透露出蛛丝马迹，"先主置酒大飨士卒，取蜀城中金银分赐将士，还其谷帛"，这句几乎像病句的表述，最善意的理解，也只能是刘备把金银赐给将士,让他们把抢掠百姓的谷帛物归原主。[1]

这样的大肆赏赐,又导致了刘备财政吃紧,结果向来鄙视刘备的零陵名士刘巴,出招为刘备解了燃眉之急:发行"直百钱",即一枚价值一百钱的大面额货币。

用超发货币的手段搜刮民间财富,这个招数现代人自然耳熟能详。

以仁厚爱民著称的刘备为何会出此下策?一来,突然拥有了这样广大的一份基业,他必须要给追随自己多年的将士一份回报;二来,多年来刘备一直深自抑制,可是以他的世事洞明,自然也知道这次的行径是怎么也无法洗干净的道德污点,事已至此,就干脆放纵一下吧。

既然刘备和他的将士们是这样一种状态,另一个使人不敢深想的问题是,如果刘璋坚守到底,那最终城破的那一天,刘备会不会屠城?

刘备的履历之中,有一份特别值得骄傲的清白:他从来没有屠城。

也就是说,比之曹操、孙权,刘备对百姓确实善良得多。

但一个统治者对平民是否心慈手软,不仅取决于他的个性和道德品质,归根结底,在于他的处境。

---

[1]《华阳国志》记录此事,明确讲到刘备这次赏赐,是"取蜀城中民"的财富,那这句的意思就是,开始一通洗劫,后来刘备要求只抢金银,归还谷帛。

凶残如曹操，赤壁之战后对百姓的态度，就明显比中原混战时要好。因为他不再是乱世群雄中的一个，而已经是"中国"实际上的主人。

战争最艰苦的阶段会把治下百姓制作成人肉干的程昱，现在就成了一个杀降制度的反对者。他认为战争年代采用"围而后降者不赦"的策略，可以恐吓得敌人放弃抵抗，现在就没有必要再这样做了，相反，可以稳固统治的地盘上的民众，不对他们滥加杀害，是爱护国家财产。曹操也对程昱的观点大加赞赏。而暗无天日的屯田制度，这时候也现出一线曙光：曹操做了一些善待屯田士卒的政策调整，道理也很简单，屯田制度最大的优势其实是人口控制，战乱年代你多控制一个人至少意味着你的对手就少控制一个人，别的可以暂且忽略不计，现在却已经到了应该考虑提高劳动生产率的时候了。

相应的，如果成都围城战也需要持续很久，刘备会不会也变得疯狂，刘备麾下将士的兽性，会不会也被放到最大？

也许，倒是暗弱无能的刘璋，成全了刘备这份清白的记录。

第六章　荆州！益州！

第七章　西垂的余晖

汉中之战

夺取益州之后,刘备的实力得到前所未有的扩张,而他多年来的高尚行为,则自然都会被视为一个伪君子的伎俩:一个人一生中可以靠卑鄙无耻捕捉到的机会是有限的,所以无耻要用在刀刃上。

刘备的盟友孙权,尤其有足够的理由感到愤怒。

刘备在攻取益州的同时,孙权正在濡须口抵御曹操四十万大军的进攻。赤壁之战后,刘备的地盘不断扩张,而江东的收获,反而首先是曹操这个敌人。而刘备既然能反噬刘璋,东吴方面当然有理由相信,这个盟友不值得信任,后来吕蒙给孙权秘密献策,对刘备、关羽君臣的评价就是:"矜其诈力,所在反覆"。

与关羽谈判无果后,东吴军队出击。当年,荆州的江南四郡在曹操南征时瞬间归顺了曹操,赤壁之战后又瞬间归顺了刘备，这一次，长沙、桂阳又是望风归服，只有零陵坚持了一小会儿，算是展示了难得的节操。武陵郡是刘备经营的重点，也距离江东最远，孙权本来就没有企图染指。

令研究者奇怪的是，即使"借荆州"的说法成立，孙权借的也仅是江陵，为什么他索要的却是从来和他没有一点关系的长沙、桂阳和零陵？勉强解释，一则，江陵是荆州的心脏，现在又是关羽亲自驻守，他知道要江陵就是和刘备彻底翻脸；二则，占领江陵就意味着要直面曹操，孙权现在还没有这个勇气。还有就是，孙权最近拿下了最南方的交州（华南以至越南的广大地区），所以荆州江南诸郡的价值，对东吴倒是有所增加。

这个说起来毫无道理的声索，对孙权而言却是收益最大，成本最低的，而且也是刘备最有可能接受的。

但刘备一开始表现得寸土不让，统军五万东下，看来是准备与关羽分进合击。

这时候，不论鲁肃还是诸葛亮，这两个最重视同盟价值的人物，看来都无法阻止各自主公不惜一战的决心，但曹操挽救了孙刘同盟，因为他重新启动了四年前装模作样的征服汉中的计划，这次要真打了。

于是刘备决定回师去与曹操争汉中，谈判之后，荆州被分割为东西两部分：孙权占据东部的江夏、长沙、桂阳三郡，而刘备则拥有南郡、武陵、零陵三郡，就是说孙权还归还了一个郡给刘备。并且，孙权还组织了十万大军再度出击合肥，分担刘备在西线的压力。

曹操征服汉中之战，充分说明偶然性对战争胜败的影响。所谓绝世名将，除了各种素质之外，还有不可或缺的一点是，运气要好。

汉中置身于汉末战乱之外将近三十年，堪称世外桃源。张鲁传五斗米道，靠洗脑进行统治，对军队、警察这些国家暴力的依赖性，还格外低。

所以张鲁的军队素质不是一般的差，这种队伍在曹操天下无敌的百战之师面前，真如曹魏官员所说："盖不足言"。

但打汉中并不因此就是容易的事。汉中军在阳平关守御，曹操大军一到关下，观察了一下地理形势，曹操直接就绝望了，根本不可能攻打下来。

接下来发生的事，曹魏方面有几种记录，拼起来大致是这么一个状况：

曹操决定撤兵，但有人劝阻说，以我军的后勤状况，撤兵也会饿死很多人，不如继续打。曹操就开始犹豫。

犹豫之后曹操还是觉得打不下来，就派夏侯惇和许褚去传令撤退，结果前军没有听到指示，继续前进，夜里迷路了。

这天夜里，有几千只麋鹿突然闯入了汉中军的大营，于是他们以为曹军来了，非常惊恐。

这支迷路的曹军刚巧也到了，于是他们就敲起战鼓，吹起号角，造成大军冲锋的假象。

于是汉中军就崩溃了。

得到已经攻占敌军要塞的消息，开始夏侯惇还不信，直到亲自去看了，他才去向曹操汇报：我们已经取得了决定性的胜利。

张鲁是很崇拜曹操的。刘备期待张鲁能逃到自己这里来，也有人跟张鲁提出这个选项。结果张鲁说："宁为曹公作奴，不为刘备上客！"

于是张鲁向曹操投降，而且投降之前，他封藏好汉中的宝货仓库，而没有像有人建议的那样一把火统统烧掉。

所以张鲁交给曹操的，是一个人口、资源都很丰富的汉中。他本人也因此得到了曹操的特别回报：个人封邑万户，五个儿子也都封为列侯。——万户在别的时代可能只是一个比较大的数字，在汉末三国，却是个不得了的数字。

但对汉中百姓来说，这却是个巨大灾难。

因为曹操恨不得把汉中的百姓全部迁走，长途迁徙会有大量人死亡，到达目的地后生活质量也会大幅降低，这是不问可知的事情。

曹操后来与刘备争汉中，打了一个著名的比方：鸡肋。

其实他一开始就是这么想，因为建安二十年，曹操最操心的事情是来年进爵魏王，而并没有乘胜南下，消灭刘备夺取益州的雄心。

要取益州，那么汉中是至关重要的补给站，不但不能把汉中现有的人口和物资迁走，还要从天下往汉中调配资源。

不取益州而对刘备采取防御态势，那么把汉中让给刘备，那反而是缩短自己的后勤补给线，刘备的军队从汉中出发想通过有限的几条通道翻越秦岭还是千辛万苦的事，自己的军队堵在山北面的几个出口以逸待劳就可以了。

曹操恨不得把汉中的一切都迁走，就是不想把这些留给刘备。

但曹操又不甘心就这么放弃一大块土地，所以他还是在汉中驻了军。曹操压着刘备打了一辈子，为什么最后汉中之战却输给刘备？就是和"食之无味，弃之可惜"的纠结心态有关。

当然，如果曹操想全力保住汉中，对汉中百姓而言更不是什么幸事。那他们固然不会被迁，但曹操和刘备就会在这一带反复拉锯，那么最终他们的命运就会和建安初年的青徐兖豫的百姓差不多：随着战争越来越残酷激烈，他们要从事最繁重的劳役，被夺走最后一口粮食，直到最终被制成肉脯……实际上会比被迁走更悲惨。

总而言之，英雄传奇的画卷展开，总会看见用鲜血绘成的江山。

《三国志·先主传》记录了建安二十年的宕渠之战，曹操占领汉中后，又派遣张郃进取益州的巴郡，刘备派遣当时任巴西太守的张飞迎敌，五十余日的相持之后，张郃带十余人逃走，等于是全军覆没。

之后，《先主传》的记事一下子跳到了建安二十三年，仿佛中间整整有两年无事可纪。

实际上，这两年当然至关重要。刘备要快速在益州建立统治秩序，而且要准备即将到来的汉中决战。《先主传》不写，可能这个过程里发生的许多事情，都让回护刘备的陈寿感到难以下笔。

刘备手下的势力，现在也已经颇为复杂。大致说，追随他入蜀的旧部，有早年追随他在北方转战的，也有特别多的荆州人士，所谓"荆楚之士，从之如云"，这两类人已经磨合得很好，习惯上统称为荆楚派，代表人物就是诸葛亮；蜀地本身，汉末以来流入的群体，可以称为东州派，以法正、李严为代表；还有老益州人，本土派。

不妨对比当年徐州的形势，那时刘备手下，也可以分成老班底、丹阳兵、徐州士族三派。但丹阳兵和徐州士族尖锐对立，各有绝对优势和绝对短板，刘备的核心班底却太弱，根本掌控不了局势，结果强敌环伺之下，彻底崩盘。

现在却大不相同，最忠于刘备的荆楚派，实力也是绝对优势，东州派也人才济济，益州本土派在刘焉、刘璋时代就是被压制的，只能当外来势力的钱袋子。

所以刘备的策略是，以荆楚派为核心，对东州派尽量吸收，对本土派根据具体情况灵活对待。

观察具体人物的命运，很容易批判说：刘备的处置有许多不尽公平之处。有人的所得远远超过他的才能，比如糜竺被任命为安汉将军，地位还在诸葛亮这个军师将军之上，谁都知道，刘备这么安排是念在徐州时糜竺大力支持自己的旧情；有人因言获罪，被刘备以"芳兰生门，不得不锄"为由杀死，比如蜀郡人张裕，这显然就是敲打本土派的一种策略。但这些案例不影响大的判断：刘备把各方势力，有效捏合成了一个整体。

如果说，刘备早年煽动得河北少年争相归附自己的时候，有点汉高祖的风采，他治理益州的手段，则像是个小号的汉武帝。

像汉武帝一样，刘备对货币改革很感兴趣，发行"直百钱"就是典型例子，刘备还对盐、铁、酒等行业实行了国家垄断。正是用这些手法，刘备迅速走出了财政上的困境，为建安二十四年的汉中之战打下了经济基础。这些政策对蜀地民间发生了什么样的影响，《三国志》没怎么记录，但参照汉武帝时代的状况，倒也不难推想。

照例，这类政策一定需要严酷的法律配合才可能推行，而诸葛亮等人制定的法律恰恰就以严酷著称，所谓"亮刑法峻急，刻剥百姓，自君子、小人咸怀怨叹"。

一个表现刘备的谋臣简雍善于滑稽的故事说：当时禁止民间酿酒，执法部门认为，只要私藏酿酒工具，就应该受到惩罚。简雍于是随便指着路上一对男女说：应该把他们抓起来，因为他们身上带着行淫的器具。刘备大笑，于是赦免了有酿酒工具的人。

这是个有快乐结局的段子，但也可以看出，之前因此获罪的人，怕是为数不少。

也和汉武帝时代一样，这些法律对权力结构的顶层又并不构成约束，如向诸葛亮提议应该"缓刑弛禁"的法正，自己却非常任性地杀死了一些与自己有旧怨的人，而诸葛亮对他也听之任之。

这样，给韭菜工作压力，也给人才发挥空间，对民间资源的汲取效率提到最高，对法正这样的才智之士，又最大限度地刺激了其工作积极性。从提升刘备集团的战斗力来说，不失为高明的策略。

刘备杀张裕这个事例，也许颇能反映被压抑盘剥的益州本土人士对这个政权的态度。张裕"晓占候"，也就是能够预言未来，他预言刘备与曹操争汉中必然失败，大战之前散布这种言论当然极为犯忌，这是刘备处死他的公开理由，也完全可能就是真实理由。

但是迅速又产生了两种传言。

一种是说法是，刘备之所以要杀张裕，是因为说黄段子输给了张裕。还是当初刘备与刘璋涪城相会大秀兄弟情的时候，刘备看见一脸大胡子的张裕，说我的家乡涿县，周围住着很多姓毛的，所以涿县令说："诸毛绕涿居乎？"张裕看了一眼没胡子的刘备，立刻回答说：有人做过潞县县长，又做了涿县县令，所以就被称为潞（露）涿君。

于是刘备怀恨在心，后来就找借口杀了张裕。这个故事真假难以判断，但用意显然是要把刘备塑造成一个心胸狭隘睚眦必报的小人。

另一种说法是，张裕还有个更可怕的预言：下一个庚子年要出大事，汉朝将在这年灭亡，刘备将在得到益州九年后又失去益州。刘备憎恶这个说法，就杀了他。

曹丕篡汉的那一年，确实是庚子年，刘备白帝城去世，也确实是夺得益州九年后。不相信超自然能力的人，大概只能推断，这个故事是事后附会了。而捏造这个故事的人，无疑是非常乐于见到这一切的。

现在他们还只能用说段子造谣言的方式表达这种怨念,而等到几十年后邓艾率领的魏军兵临城下的时候,蜀人的这种不满,会以更加直白的方式表现出来。

当然这是后来的事了,所以还是把眼光回到建安二十四年(219年)的春天。

争夺汉中的战争,已经断断续续进行了一年多。战局开始向对刘备有利的方向发展,尤其是讨虏将军黄忠(没有足够的证据显示是员老将)阵斩曹魏名将夏侯渊,更使魏军夺气。

这时,刘备得到了曹操亲自统率大军从长安南征的消息。

刘备用马鞭指向远方:"曹公虽来,无能为也,我必有汉川矣。"

二十年前,刘备就说过差不多的话,结果脸被抽到现在还隐隐生疼。

那时刘备刚刚背叛了对他极为亲待的曹操,在徐州举起反曹的旗帜。击败了讨伐自己的曹将后,刘备对他们说:"使汝百人来,其无如我何;曹公自来,未可知耳!"

那时刘备其实是认定曹操即将与袁绍决战,根本不可能来,结果曹操闪电般杀到徐州。曹魏方面的史料说:曹操已经到了刘备还不敢相信,就带着数十骑去探听虚实,结果看见曹操的旗帜，就吓得抛下自己的军队逃到袁绍那里去了。即使不相信刘备猥琐怯懦到如此地步，此战他表现得不堪一击，是毫无疑问的。

二十年过去，刘备要把当年丢掉的脸，都找回来。

这一年刘备已经五十九岁，曹操更已经六十五岁，这是两位老人最后的决战。

刘备还是决定据险坚守。

汉中已经被曹操掏空，所以两军的后勤补给，都要从后方运来。曹操的物资要运过秦岭，刘备的物资要穿过大巴山。

曹操这些年更多精力放在别的问题上，他要当魏王，要考虑继承人问题，甚至几个月前还为自己精心挑选了墓地……所以他对这一战实际上准备不足，很多物资还要从遥远的关东地区调拨，这无疑会激起极大民愤。而心存汉室的人士，则正好可以利用这种民愤。所以各种动乱很快就会爆发。

而刘备的身后，却是一位不但三国历史上绝无仅有，整个中国古代史上可能也空前绝后的后勤天才诸葛亮。

诸葛亮绝非只会事必躬亲，"犍为太守李严辟（杨）洪为功曹，严未去犍为而洪已为蜀郡；洪举门下书佐何祗有才策，洪尚在蜀郡，而祗已为广汉太守"。他以按通常流程根本无法想象的速度，为益州各郡安排了最得力的地方官，从而充分保证了前线补给。

积月相持之后，魏军大量逃亡。夏季五月，曹操选择了放弃，把汉中诸军全部撤还到长安，"刘备遂有汉中"。

胜利之后刘备表现得非常热衷急切，夏天曹操撤退，秋天他就在群臣的拥戴下称了汉中王。值得注意的是，他上表汉献帝告知自己称王的消息，最后一句话是："还所假左将军、宜城亭侯印绶"。

这两个职务实际上是曹操给他的，你给我的东西，我都还给你了。

夷陵之战

汉中之战实际上就是刘备事业最辉煌的顶点，之后一段时间，他表现得像一个短视又贪婪的庸人。

建安二十四年五月，刘备迫使曹操退出汉中后，他的军队又攻取了汉中东部的三个郡。于是，利用沔水水道，刘备的军队可以从汉中东下襄阳，这是当年秦国攻楚时经常利用的一条路线。

而这时关羽的大军正从江陵北上，也就是说，刘备有机会对襄阳形成西、南两路包夹之势。

或者哪怕不这么做，刘备只需要把大军屯驻在汉中，就可以把曹魏的大批军队吸引在西部，让他们不能去驰援襄阳。

这是个环环相扣的链条：刘备牵制住曹魏部分兵力，关羽就不必不断增兵襄阳；关羽不增兵襄阳，江陵也就不会空虚；江陵不空虚，孙权、吕蒙再垂涎荆州，也没有出兵的勇气。

可是不管是什么原因，刘备匆匆忙忙称汉中王，秋季七月就回到成都。这实际上就把关羽陷入了以一支偏师，独抗天下精兵的境地。

关羽可说是打出了奇迹，惜墨如金的《三国志》，使用了一句最高规格的形容："威震华夏"。又记录了曹操当时的恐惧："曹公议徙许都以避其锐。"曹操已经是魏王，魏国国都是在河北的邺城，当然不是关羽可能威胁到的。但大汉皇帝一直在许都，这里距离襄阳虽然也有三百多公里，但襄阳与许都之间的南阳地区，因为繁重的徭役而民怨沸腾，忠于汉朝势力也正在积极活动。曹操担忧或是襄阳失守后南阳防线全面崩溃，或是有人带着汉献帝逃出许都，让天子落入关羽并最终送到刘备手里。

所以曹操想把皇帝转移到一个自己更好控制的地方。

其实刘备方面一直没有任何动作，也许，像当年的袁绍一样，对把皇帝弄到手，刘备并没有太大兴趣。

但关羽再神勇，终究不可能抵挡住曹魏不断开来的一支又一支精兵。实际上当面对自己的山西老乡和老朋友徐晃的时候，关羽已经没什么胜算，何况这个时候，孙权又在背后捅了致命的一刀。

之前的建安二十二年（217年），最看重孙刘同盟的鲁肃去世，吕蒙接替了都督职务。吕蒙和周瑜一样，对东吴自己占据荆州很感兴趣，但和周瑜相比，吕蒙还有一个突出的特点，行伍出身的吕蒙更加面对现实，没有梦想。他给孙权算了一笔账，当初把江陵借给刘备，是因为觉得关羽才可以挡住曹操，其实我们自己就可以布置好防线，所以也就用不着关羽了。

也就是说，周瑜那个利用荆州拓展进取的计划，对吕蒙来说倒是不存在的。反过来，没有梦想也就意味着不爱折腾，对稳定荆州民心，反而大有裨益。更有利的情况是：周瑜任都督的时代，刘备在荆州人气很高，现在最支持刘备的人，多半已经跟着刘备入川了，留下来的人，其实立场没有那么鲜明。

《吴主传》记录，也就在这一年，孙权派人"诣曹公请降，公报使脩好，誓重结婚"。这应该是一条后来才解密的材料，之后吴魏之间表面上甚至仍有零星的战争记录，而陆逊等人则不断向关羽示好。就是说，孙权已经投降了曹操，当时刘备、关羽并不知道这件事，而一心辅佐孙权成就"帝王之业"的周瑜和鲁肃如果还在，大约也不会同意孙权这样做。

到建安二十四年（219年）十月，孙权上书曹操，"以讨关羽自效"，实际上孙权身边仍然很多人反对这次行动，但孙权无法抵御火中取栗的诱惑。

吕蒙的奇袭轻易取得了成功，并劫获了关羽麾下士卒的家小。自己本就是老兵，怎样安抚一般军属，吕蒙也特别有一套。关羽善待士卒这个长处，吕蒙的破解效率也是最高的。

关羽士卒溃散，一代名将败走麦城被俘然后被杀。

下一年（220年）正月，关羽的人头被送到曹操的面前，也就在这个月，曹操去世。

和《三国演义》相比，接下来的历史显得缺少动人的真情，而是由宏大又猥琐的算计组成：

刘备最着急的不是为关羽报仇，对曹操之死倒是很感慨，于是派人吊唁，并送上"赙赠之礼"，也就是赞助曹操的葬礼。

《先主传》里没有提及这件事，有意思的是曹魏的官方和民间，对此事有截然相反的说法。

官方记录说：曹丕对刘备这种"因丧求好"的行为非常憎恶，看来他是认为刘备不配，玷污了父亲的丧礼，于是斩杀了刘备的使者。

社会上则有这样的传闻，实际上曹丕是被耍了。刘备的使者到了上庸就不再前进，上庸官员把刘备的好意转达给曹丕。这时刚巧赶上了曹丕和汉献帝联合主演的禅让大戏，曹丕觉得这么盛大的仪式，能得到刘备的善意，非常有面子，于是"有诏报答以引致之"，就是给刘备写了很客气的回复，并期待刘备能够拥戴自己做皇帝。结果刘备拿到曹丕的回信，就自己称帝了。

如果传言属实，那曹丕的愤懑可想而知，而正因为愤懑，官方记录写成另一个样子，倒也顺理成章。

更进一步说，如果曹魏正史是真的，那么刘备是为了夺回荆州，本想先修复和曹魏的关系，确保可以全力东下，但曹丕却没有给他留一点余地，若真是这样，刘备的形象反而会正面一点。但如果相信传言，那就是刘备不惜同时把自己和曹丕、孙权的关系都搞得很糟，反正就是自己急于要想称帝。

不管怎么说，蜀中流传起了皇帝已经被曹丕杀害的谣言，刘备为皇帝发丧，谥号孝愍皇帝，也就是说，如果尊刘备为正统，就应该称汉献帝为汉愍帝，他就不再是一个聪明到知道把皇位让出去的皇帝（聪明睿智曰献），而是一个可怜的倒了一辈子霉的皇帝（在国遭忧曰愍）。

接下来蜀汉群臣上书，称这种"上无天子，海内惶惶"的糟糕局面不应该持续，催促刘备赶紧登基，刘备也就同意了。

公元221年，用曹魏的年号是黄初二年，用刘备自己的年号则是章武元年，秋七月，即关羽遇害已经长达一年半的时间，刘备出兵讨伐东吴。

有人说，从兴复汉室的角度讲，应该先打曹魏才符合道义，打孙权，就让刘备的行动的正义性大大降低。——这话不对,孙权早已对魏称臣,先诛走狗再讨首恶,道理一样讲得通。

有人说,先打孙权违背了隆中对的正确战略。——这话也不对,隆中对的精髓是八个字:"跨有荆益,联孙抗曹",现在这种形势,打孙权固然违背了联孙抗曹,不打却违背了跨有荆益,总之要违背一半。

事后诸葛亮的高论,很容易做到怎么说都好像很有道理,但当事人诸葛亮当时给人的感觉,是茫然而无助。诸葛亮说:

> 法孝直若在,则能制主上,令不东行;就复东行,必不倾危矣。

法正要是还活着的话,就能拦着主上不去打孙权了,就是去打了,也不会输成这个样子。

这意思,他对刘备东征固然比较反对,但也不是绝对反对。

实际上就是,建安二十四年底,失去关羽丢掉荆州,最能打的将军不在了,最便于出击的地方没有了,但咽下这口气,缩在益州什么也不干,却也不是个事。总之,以后怎么做,都很难说是对的了。

只从战术层面讲,刘备的对手陆逊有个说法:刘备如果

"水陆俱进",他很担忧,但刘备不用水军,就靠步兵推进,他就不烦了。

但刘备的顾虑也可以理解,"水军顺流,进易退难"。下游打上游,进攻不是很方便,但好处是打不过就跑;上游打下游,一旦打不过,麻烦就大了。这条经验,一直到曾国藩打太平天国的时候,都深有体会。

刘备居于上游,而他的水军,自然不是东吴水军的对手。所以他不敢用船。

刘备对自己的陆军则非常自信。

汉中之战,自己是当面锣对面鼓打败了曹操的;而孙权在东线和曹军争合肥,赤壁之战以来,到目前为止大战了六次,除了抢人家待收割的粮食,偷袭赢了一次,此外五战全输,尤其是建安二十年(215年),曹魏的官方宣传是孙权十万大军攻合肥,我们的张辽将军八百破十万,威震逍遥津,孙权本人都差点做了俘虏。——这一战,正史里的张辽,显得比《三国演义》还要威猛一大截。

而且东吴陆军的战斗力一点提升迹象都没有,刘备永远没机会见到的是,孙权不满意现在一胜五负的水平,后来还多次出击,终于把自己在淮南的战绩刷成了十一战一胜十负。

夷陵之战,刘备兵力大约四万人,东吴军队在五万以上,相差不算悬殊。那就比军队素质,刘备当然觉得自己优势太大了。

可问题是,第一,夷陵沿江的狭长地带,陆军阵型无法展开,战斗力也就无法充分发挥;第二,刘备面对的对手,不是孙权本人,而是陆逊。

陆逊当然也不可能大幅度提升东吴陆军的野战水平,但人家能忍。

《陆逊传》记录,在与刘备相持的阶段,陆逊对江东诸将和孙权,对刘备的军事水平做了截然相反的评价。他对众将说:

> 刘备天下知名,曹操所惮,今在境界,此强对也。

刘备是什么水平?曹操都害怕的。言下之意是,这么些年你们和曹操打成什么熊样,自己没点数吗?刘备挑战,咱们只能忍着。

同时他却对孙权说:

> 寻备前后行军,多败少成,推此论之,不足为戚。

刘备就是个常败将军,根本不足为虑。所以,您别看我们被压制,我们稳赢,您要容许我忍着。

这么叫战略上蔑视敌人，战术上重视敌人，陆逊吃得很透。

于是两军相持了差不多七八个月。

相持阶段，刘备肯定在做一件事，也许在等另一件事。

刘备在做的事，是发动所谓"五溪蛮"，即荆州武陵郡的土著族群，来配合自己作战。——这个战术意义其实不大，因为东吴军队打正规军不行，屠杀少数民族，那可是经验丰富技能满点。

陆逊其实可算是员老将了，当年陆逊的叔祖陆康被孙策用野蛮手段逼死，陆家子弟也大量被屠杀，吴郡陆氏与孙家可谓血海深仇。孙策死后，身为陆家宗子的陆逊与孙权假装历史翻开了新的一页开始合作，但开始互不信任。

陆逊为什么长期"未有远名"呢？因为他缩在东吴的后方，打了十几年的山越人。

在侧翼配合陆逊的步骘，更是曾经从江西出发，杀遍南中国（直至越南北部）再杀回湖南湖北，一路上不知道积累了多少对土著族群作战的经验。

所以刘备尽管成功获得了五溪蛮的支持，最后却连累得人家惨遭屠戮。

刘备在等的事，是曹丕智商上线。

孙权早就向曹魏投降，可是曹操一死，孙权又觉得可以捞一把北上偷袭了襄阳,结果这支偷袭去的部队转眼又被曹仁、徐晃击溃。于是曹丕作势南征,孙权又赶紧"遣使奉献"。当然,这时曹丕还没有篡位,孙权也可以宣称自己本来就是汉臣这么做也没什么不对。等到刘备出兵东下之后,孙权再次"遣使奉章",正式成为曹魏的臣子。

当然,现代人可以赞佩孙权的外交手腕之灵活。但是显然,曹魏方面也没有理由再认为,孙权是一个值得信任的人。

所以曹魏的名臣刘晔向曹丕建议说,不要接受孙权的再次投降,我们现在去打孙权,是可以很快把吴国灭掉的:

> 天下三分,中国十有其八。吴、蜀各保一州,阻山依水,有急相救,此小国之利也。今还自相攻,天亡之也,宜大兴师,径渡江袭之。蜀攻其外,我袭其内,吴之亡不出旬月矣。

但是曹丕没听。

孙刘既然开战,曹魏当然无论如何都是获益者,但刘晔这个方案,曹魏获益显然是最大最快的:就算不能短时间内灭亡吴国,夺得大片土地和人口,是可以预期的。

甚至于,就算认为刘晔的意见不可行,曹丕不接受的理由,也更加不成立。

曹丕的第一个理由是："人称臣降而伐之，疑天下欲来者心。"人家来称臣投降，我却去打他，以后就不会有人再来投奔我了。现在曹魏的对手除了孙权已经只有刘备了，刘备会当"欲来者"吗？

曹丕的第二个理由是："不若且受吴降而袭蜀之后。"我们接受东吴投降，去从背后偷袭蜀国。可是刘备攻吴并没有丧心病狂，益州北部防线还是严阵以待的。而现在曹魏大军都集结在东部，调动过去光是钱粮就要花多少？明明是攻吴要方便得多。

结果，刘备到底没有等到曹丕出兵伐吴，反而等得自己的军队进入疲惫懈怠的状态，被陆逊火攻一举击溃。而这之后曹丕终于回过味来，还是只能打东吴，结果惨遭失败。

不知道刘备和孙权有没有各自想起曹操当年的话。

曹操说："刘备，吾俦也，但得计少晚。"刘备想，说我脑子慢，这是遭报应了，你儿子脑子慢成啥样了？

曹操说："生子当如孙仲谋。"孙权想，难怪你会想要像我这样的儿子。

永安托孤

公元223年，季汉章武三年的春天，先主刘备在永安宫病逝，临终前，托孤于丞相诸葛亮，留下遗言说：

> 君才十倍曹丕，必能安国，终定大事。若嗣子可辅，辅之；如其不才，君可自取。

这句话有什么内涵，不知道有多少人分析过多少种说法。

个人倒是倾向于认为，这话明明白白敞敞亮亮，所说的意思就是字面的意思，没有这样那样的弯弯绕。

"君可自取"就是说，诸葛亮可以取代刘禅，自己当皇帝。

中国的文化传统里，禅让是非常高光的理想。虽然一实践肯定跑偏，但大家心里一直还存着这么个大道之行、天下为公的理念。现实中找不到，于是理想国要么在古代，要么在远方。所以尧舜禹禅让的故事是那么流行，再比如《后汉书》把古罗马帝国一通狂吹，说罗马人个子又高又好看，就和咱们中国人一样（"其人民皆长大平正，有类中国"），"国中灾异及风雨不时，辄废而更立，受放者甘黜不怨"，这个说法有点"五贤帝时代"的影子，但根据上天显示的征兆换国王，被换掉的国王还特自觉，这是典型的东汉人理解的禅让。

西汉皇朝还相当强盛的时候，就有人根据禅让理论，公开上书皇帝，你应该退位了；东汉根据五德终始说，一直有各种神秘兮兮的谶言流传，说谁谁谁将取代汉朝。

刘备篇

就近说，北边几年前才上演了一出大戏，汉献帝让位曹丕。当然，从刘备的角度看，那实质是篡位，但那是演员有问题，不是禅让这个剧本本身有问题。

这种背景下，刘备说皇位可以让给诸葛亮，显然不是什么石破天惊的新思想。倒是后世人心越来越卑污龌龊，反而觉得这个观念，中国古代不能有了。

从战败到病重，有差不多半年的时间，这半年里，刘备一定想了很多事。

他生命最后时刻写给儿子的信里说："汝父德薄，勿效之。"你爸不是什么好人，别学我。这不是公开场合瞎谦逊，是父子之间最后交心，有些事，他是真懊悔。

刘备留给诸葛亮"君可自取"的遗嘱，当然有他的政治考量，但也不是什么见不得人的权谋。

刘备知道，诸葛亮是不会想取代自己的儿子的，但这话他还是要说。因为他必须表示对诸葛亮的绝对信任，在接下来的日子里，丞相可以拥有绝对的权力。

刘备很清楚，自己留下来的，是一个烂摊子。

魏蜀吴之中，自家的实力本来就最弱，更糟糕的是，内部荆楚派、东州派、本土派三股势力，本来忠于自己的荆楚派最强，理所当然处于主导地位，可是眼前这场惨败，死伤最惨重的，就是荆楚派。

事实上，刘备这一生病，诸葛亮来探视，一离开成都蜀中就发生叛乱了，幸亏诸葛亮越级提拔的益州治中从事杨洪非常能干，不然后果可能很严重。

接下来，不格外重视东州派，季汉根本就没有足够的人才可用；太重视东州派，可要是不能把他们真正融合进来，他们大可以像当初抛弃刘璋一样抛弃自己的儿子。

所以，刘备一方面让东州派的代表李严和诸葛亮同受托孤之重；另一方面，又要维护诸葛亮的主导地位，只有诸葛亮全面掌控大局，季汉政权才可能存续下去。

但诸葛亮大权独揽，不论是蜀国内部心怀不满的人，还是魏国、吴国，都可能攻击他有"将不利于孺子之心"。

这句遗言，是给了诸葛亮一道护身符。

丞相一言九鼎怎么了？他哪怕想当皇帝，先帝都是同意了的。

公元228年，季汉后主建兴六年，魏明帝太和二年。

诸葛亮大军兵出祁山，天水、南安、安定三郡吏民响应，天下震动。

魏明帝曹叡除了调兵遣将应战之外，也在舆论场上对益州地区展开攻势。

他发布了一道公开的诏书，开篇是"刘备背恩，自窜巴蜀"，强调刘备对不起我爷爷，接下来就是大量对诸葛亮的批判：

> 诸葛亮弃父母之国，阿残贼之党，神人被毒，恶积身灭。亮外慕立孤之名，而内贪专擅之实，刘升之兄弟守空城而已。

刘升之就是指刘禅，果然，曹叡指责诸葛亮是个专擅的权臣。

然而，季汉的官员都看见丞相是怎么做的，也记得先帝说过什么，曹魏散布的言论像一个无知的笑话，在锦官城润物细无声的春雨之中，只能消散得无影无踪。

第八章　美化、弱化、悬浮化

早有无数人指出,《三国演义》里的刘备,道德比历史人物刘备要高尚得多。

分四个方面说,对皇帝的态度,对领导和盟友的态度,对下属的态度,对百姓的态度。

首先,历史人物刘备和汉献帝没什么互动,也看不出他对汉献帝有什么忠爱之心。

《三国演义》写汉献帝一见刘备,就查了宗谱,确认刘备的皇叔身份,还把刘备"请入偏殿,叙叔侄之礼",从此刘备就人称刘皇叔了。这是采纳的民间传说,历史上是没有的。

《三国演义》又说,曹操和汉献帝许田打围,汉献帝射鹿不中,曹操用皇帝的金鈚箭把鹿射死(争天下是逐鹿,这个故事喻义很明显),群臣误认为是皇帝射的,纷纷道贺,曹操挡在天子之前接受了,见此情景:

> 玄德背后,云长大怒,剔起卧蚕眉,睁开丹凤眼,提

刀拍马便出，要斩曹操。玄德见了，慌忙摇手送目，关公见兄如此，便不敢动。……众人各自归歇。云长问玄德曰："操贼欺君罔上，我欲杀之，为国除害，兄何止我？"玄德曰："'投鼠忌器'。操与帝相离只一马头，其心腹之人周回拥侍。吾弟若逞一时之怒，轻有举动，倘事不成，有伤天子，罪反坐我等矣。"

关羽因为曹操欺负皇帝而想杀曹操，刘备因为怕误伤汉献帝而阻止关羽，显得两人都是一片忠心，而刘备尤其思虑周详。

这段情节，是由《蜀记》中的一段故事演化来的。区别是，《蜀记》只说是曹操和刘备打猎，人都走散了，关羽觉得这是一个刺杀曹操的机会，刘备当时觉得曹操是忠臣，就没有同意。故事里全程没有出现汉献帝。

曹丕当皇帝后，废汉献帝为山阳公。综合各种史料记录，大致可以推定，刘备得到汉帝被废的消息后，刻意炮制了他遇害的消息，从而为自己找到了称帝的理由。

《三国演义》当然不会这么写。嘉靖本写作：

早有人到了成都，说曹丕废了汉帝，自立为大魏皇帝，于洛阳盖造宫殿，调练人马。汉中王闻知大惊，水食少进,每日痛哭,令百官挂孝,遥望许昌哭而祭之,谥曰"孝愍皇帝"。

这段文字写得相当狡猾,它没说曹丕害死了汉献帝,可若是读得不仔细,还真以为汉献帝已经死了。

更加尊刘贬曹的毛本,这个地方倒比较老实,点明是"传言汉帝已遇害",又在批注中说明汉献帝此后还活了十五年。但总之,刘备是误信传言了。

之后,若按照史书,则是群臣劝进,刘备也就接受了。《三国演义》不允许这个过程这样简单,甚至于,程式化的三推三让,还不足以证明刘备当皇帝是被动的。于是《三国演义》设计了这样的情节:听信了汉献帝的死讯,刘备太伤心了,就生了病,政务都交给诸葛亮。诸葛亮等人劝刘备当皇帝,但被坚决拒绝了。

于是轮到诸葛亮生病,简直马上要病故的感觉。刘备去探视,诸葛亮说,我是愁的,没有皇帝,大汉真的是要亡啊。于是刘备安慰诸葛亮说,等丞相病好了,我们可以讨论称帝的事。

结果诸葛亮一下子就从床上蹦起来了,而其余的大臣全躲在诸葛亮家屏风后面,这下都走了出来。刘备被逼得没办法,这才同意当皇帝。

当然，蜀汉君臣一个个这么戏精，该不信刘备不想当皇帝的，还是不信。如李卓吾本的《三国演义》这回有批语说："信乎奸雄之外复有奸雄也，做小人枉却做了小人也，亦何益于事哉？曹家戏文方完，刘家戏子又上场矣，真可发一大笑也。"但看得出，作者还是很努力地想把刘备写成没什么权力欲的样子。

其次是对领导与合作者的态度。

刘备出身不高，曾被人骂作"老革"（老兵），跟过的领导很多。邹靖、毌丘毅、焦和、公孙瓒、田楷、陶谦、曹操、袁绍、刘表……数下来有一大堆。

当然，这里面大多数人没把刘备当作自己核心团队里的人，刘备跳槽换工作也正常，不能视为"背叛"。事实上，绝大多数立场转换，刘备都处理得很漂亮，所以他才能不断积累声望。

刘备和孙权的关系，最复杂，诸多暧昧诸多恩怨纠缠诸多互相愧对，根据残缺的史料，很多事都无法说清。真正说得上刘备恩将仇报的，主要是对两个人。

第一个其实是曹操。曹操固然是奸雄，刘备败出徐州到官渡之战前这一段，他对刘备却是很好的。开个脑洞：这个无数人眼中恶魔一般的男人临终之前，一边叮嘱妻妾们可以编织鞋带养活自己，一边想："宁可我负天下人，不可天下人负我。

可是刘玄德，曹操一生，负尽苍生，却从未负你一人。"曹操是够资格说这个话的。

刘备极力把自己塑造成和曹操对立的两极：

> 今指与吾为水火者，曹操也。操以急，吾以宽；操以暴，吾以仁；操以谲，吾以忠；每与操反，事乃可成耳。今以小故而失信义于天下者，吾所不取也。（司马彪《九州春秋》）

他这样高调渲染对立，效果上倒是淡化了他对曹操的亏欠。

第二个自然是刘璋。这件事，刘备手段太卑劣，获益却太大，入西川之前，刘备"北畏曹公之强，东惮孙权之逼，近则惧孙夫人生变于肘腋之下"，夺了刘璋的疆土，刘备就"翻然翱翔，不可复制"了。

这事简直可以使人换个角度来理解刘备教育儿子的名言："勿以恶小而为之，勿以善小而不为"。平时滥作小恶，不积小善，是做不了大奸大恶的枭雄的。

《三国演义》还大大强化了刘备早年生涯的独立性。

焦和没提，田楷也几乎等于不存在。

刘备和公孙瓒，被《三国演义》写成非常平等的朋友关

系。公孙瓒固然曾借兵给刘备,刘备对公孙瓒的帮助却更大。虎牢关三英战吕布:

> 公孙瓒挥槊亲战吕布。战不数合,瓒败走,吕布纵赤兔马赶来。那马日行千里,飞走如风。看看赶上,布举画戟,望瓒后心便刺。傍边一将,圆睁环眼,倒竖虎须,挺丈八蛇矛,飞马大叫:"三姓家奴休走!燕人张飞在此!"

要不是张飞及时出场,公孙瓒就要死在吕布戟下。公孙瓒与袁绍磐河大战,按照史实是袁绍赢了,《三国演义》却写成刘备带着关羽、张飞及时出现,一举扭转了局势。

刘备与陶谦的关系,《三国演义》也写成是刘备在曹操的屠刀下救了陶谦,陶谦直接就想把徐州让给刘备,刘备高尚地拒绝之后,陶谦请刘备在小沛暂住,彼此间也不存在上下级关系。

按照历史,公孙瓒和陶谦是盟友,刘备由公孙瓒手下到陶谦手下,是正常的人才流动,也算不上什么污点,但如果就是看刘备不顺眼,以此为据骂刘备"反覆难养",也不是不可以。但《三国演义》把刘备的队伍写得像独立的游侠,是帮过公孙瓒后来又帮陶谦,一直都是人格闪亮的。你总不能说唐僧师徒在高老庄抓了猪八戒,又在陈家庄救了童男童女,就说是唐僧

第八章　美化、弱化、悬浮化

背叛了高太公。

曹操对刘备的好,《三国演义》是淡化的。罗贯中先安排荀彧设计了"二虎竞食""驱虎吞狼"之类的计策,挑拨刘备和吕布、袁术的关系,表明曹操不安好心。实则刘备与吕布、袁术之间的矛盾本来就无解,何劳外人挑拨?而这些计策如此低级、幼稚,"如冰之清,如玉之洁,法而不威,和而不亵"的荀令君泉下有知,怕是难免要觉得受到侮辱的。后来刘备到曹操身边,曹操给刘备左将军、宜城亭侯的官职,本来"表"一下汉献帝不过是走流程而已,《三国演义》则改成了汉献帝本人特意给刘备的,而封刘备官的用意,正是对付曹操。

唯独刘璋的事,最不好洗地。涪城二刘欢会,《三国演义》加了庞统安排魏延舞剑,想刺杀刘璋的戏,于是:

> 玄德人惊,急掣左右所佩之剑,立于席上曰:"吾兄弟相逢痛饮,并无疑忌。又非鸿门会上,何用舞剑?不弃剑者立斩!"

最后取了成都,《三国演义》又加了这句台词:

> 玄德出寨迎接,握手流涕曰:"非吾不行仁义,奈势不得已也!"

不好说这算不算越描越黑，但从罗贯中到毛宗岗，总之都尽力了。

第三，刘备对臣属的态度。

曹操、刘备、孙权，都是善于发掘人才、笼络人才并激发人才的创造力的。清代赵翼的概括："曹操以权术相驭，刘备以性情相契，孙氏兄弟以意气相投。"这是常被人引用的话，其实曹操一样有性情，刘备未必无权术，意气更不会是孙家专属。

区别是，发生矛盾冲突的时候，刘备对臣属的手段确实要温和一些。一方面，是刘备的性格确实比较宽仁厚道，另一方面，这也和各自政权的权力结构有关。

曹操早年以汉室忠臣的旗帜为号召，篡汉面目暴露后，与原来的合作者之间，矛盾就必然爆发；曹操得到过诸多士族的支持，他要强化个人专制，和士族之间的冲突就不可避免。而正因为原本是深度合作彼此有情感牵连的，这种撕裂就格外惨烈，也显得曹操格外背义绝情。

孙家父子虽然是江东本地人，但出身寒微根本不被本地士族瞧得起，他们倚仗的是所谓"淮泗武装集团"和其他远方的投奔者，所以实质上是个外来政权，对本地士族也就不得不采取凶暴的手段。吕蒙死后，外来武装出现人才断档，孙权只能转而任用陆逊、顾雍这些本土的世家大族，但又心不甘情不

第八章　美化、弱化、悬浮化

愿,所以后来又是各种虐杀。

刘备面临的局面反而比较单纯。他称帝的时候,他的老兄弟对这件事多半比他自己都着急,他手下除了诸葛亮这样个别可说背叛了世家大族立场的人物,出身相对卑微的比较多,曹操要面对的皇权和门阀的冲突问题,对他来说也基本不存在。——在他治下而反对他的人,基本都是后来的,下手狠一点,也不至于被认为是不念旧情对不起老兄弟。

但作为一个真实的政治人物,必要时牺牲一些无辜者或杀死几个罪不至死的人,刘备确实也没什么客气。

如前面提到的刘备杀张裕,就是一例。又如刘备想称帝时,有刘巴、费诗、雍茂等人反对,而刘备的处置,非常看人下菜碟。

刘巴是天下知名的名士,虽然一直看不起刘备,但发行"直百钱"和参与制定"蜀科"这两件事,在财政和司法领域,对新政权建立都做出了重大贡献。这样的人只有留着,才好彰显自己的宽大,所以刘备对刘巴的策略是冷处理。而刘巴也很明白事,从此"恭默守静,退无私交,非公事不言",大家都有台阶下。这是典型的互相看不顺眼的聪明人和聪明人的相处方式。

费诗是益州本地人,刘备攻打刘璋时,他以县令的身份向刘备投降,之后升迁很快。刘备称汉中王,封关羽为前将军而黄忠为后将军，关羽觉得受到侮辱拒不接受。费诗去荆州，成功化解了关羽的不满，也算是立过功的。现在违背了刘备的心意，刘备就贬他去做郡从事。

雍茂不知道是什么人，雍是益州大姓，所以他很可能是本地人，而刘备本来就要敲打本土派。刘备就另外找个理由把雍茂杀了。

而这些体现刘备野心和权术的内容，《三国演义》基本替刘备隐瞒了。

刘备确实对人好的地方，《三国演义》往往也有改动和夸张。

如按照史书记录，出身比较寒微，而游侠气质浓郁的徐庶，是流寓荆州的士人里，较早投奔刘备的，他向刘备推荐了诸葛亮，之后徐庶和诸葛亮曾在刘备手下短暂共事了一段时间。当阳长坂坡，刘备被曹军击溃，徐庶的母亲被曹操俘获。于是徐庶来向刘备辞行，要去投奔曹操。

这可说弃刘备于危难之际了，只是他能主动去找刘备说明情况，尚算光明磊落。而刘备也就慨然同意他离去。诸葛亮倒也一直念着当年和徐庶的友谊，很久以后诸葛亮北伐的时候，听说徐庶在曹魏仕途平平，曾感叹说，魏国人才如此之多吗，为什么徐庶"不见用乎"？怕是也有遗憾老朋友在关键时刻选错人生道路的意味在里面。——当然也可见，是客观环境让徐庶在曹魏混得不好，而不是他主观上就一言不发不思进取。

这段历史记录，已足够彰显刘备宽仁的胸襟，但对《三国演义》的作者来说，仍然不够。《三国演义》里徐庶是大放异彩的人物，辅佐刘备后迅速帮助刘备取得了几场历史上并不存在的重大胜利，体现了碾压曹营众谋士的智商。于是程昱使出了诓骗徐庶母亲的卑鄙伎俩，接下来徐母骂曹，对《三国演义》的作者而言，是增加了一次痛骂曹贼的机会。

徐庶向刘备辞行，《三国演义》写道：

> 玄德闻言大哭曰："子母乃天性之亲，元直无以备为念。待与老夫人相见之后，或者再得奉教。"徐庶便拜谢欲行。玄德曰："乞再聚一宵，来日饯行。"孙乾密谓玄德曰："元直天下奇才，久在新野，尽知我军中虚实。今若使归曹操，必然重用，我其危矣。主公宜苦留之，切勿放去。操见元直不去，必斩其母。元直知母死，必为母报仇，力攻曹操也。"玄德曰："不可。使人杀其母，而吾用其子，不仁也；留之不使去，以绝其子母之道，不义也。吾宁死，不为不仁不义之事。"

徐庶离去，刘备目送他远去的背影，因为被一片树林挡住了视线，《三国演义》又增加了一场刘备要乱砍滥伐破坏环境的戏。然后才有徐庶走马荐诸葛的经典剧情，真是写得回环往复一唱三叹。

当然，最突出的美化，就是刘备与关羽、张飞的关系。《三国志》所谓三人"寝则同床，恩若兄弟"，不过是个比喻性的说法。所以有时又说，刘备与关羽"义为君臣，恩犹父子"，可见只是要强调感情好，并不是真的结为兄弟。

《三国演义》成书和流行的明清时代，民间结拜兄弟流行，刘关张的关系，成了这种兄弟情的典型代表，被各种踵事增华。

按照历史，东吴杀关羽取荆州一年半之后，刘备伐吴。从动机上说，有为关羽报仇的因素，但不是主要的；作为一种政治决策，实际上是一种无奈的选择，也未必就错了。但按照《三国演义》的写法，刘备动机是单纯的，就是为二弟、三弟报仇；而伐吴这个决定，政治上则被判定为绝对错误。

刘备就是不惜赔上自己颠沛流离一生才终于取得的全部政治资源，也要成全桃园结义的誓言。

即使是最认定刘备虚伪的人，读这段文字，也会感受到锥心刺血的深切情谊，感受到诚挚的人性的力量。而因为人性而丧失理性，结果导致七十万将士血洒疆场或葬身鱼腹，衡量一个有情有义的人和衡量一个优秀的政治家，标准竟是如此不同，由此生发出的问题，更是永恒的困境了。

第八章　美化、弱化、悬浮化

所以，这段情节，也成了《三国演义》文学上最辉煌的一笔。

但对于今天的读者来说，《三国演义》里这种夸张而浓烈的兄弟情，和历史上真实存在的，笼罩在政治规则之内微弱却不绝如缕的兄弟情，究竟哪个更能动人，恐怕也不是容易回答的问题。

第四，历史上刘备对民众的态度，前文讲得比较多，这里不再重复。

可以这么说：以今天的标准看，当然不够好；在汉末三国时代，也不是最好的，比如大概不如刘虞，也不见得就比刘表、刘璋、张鲁好。

但刘备是所有的政治强人当中，对百姓最好的。而一个暗弱的统治者对百姓的好，一旦面临外力冲击，就根本不可持续。所以刘备无可替代。

刘备当时能拥有美好的名声，并且后世被当作仁德之君的代表，这是重要原因。

但正因为被当作了仁德之君的代表，刘备对百姓有多好，就被极大夸张了。

在当阳，十万百姓追随刘备一起逃跑，刘备因为不愿意抛弃他们，放弃了抢占江陵的机会。这本身已是足够伟大的情怀，但《三国演义》的作者对地理没什么概念，他不理解江陵的重要也就不明白刘备的放弃有多么大，他决定换个角度再渲染一笔煽情一下：

> 即日号泣而行，扶老携幼，将男带女，滚滚渡河，两岸哭声不绝。玄德于船上望见，大哭曰："为吾一人，而使百姓遭此大难，吾何生哉！"欲投江而死，左右急救止。闻者莫不痛哭。

这个举动，假得连毛宗岗都觉得没法圆场了。于是他在批语里，说了这么一句：

> 或曰，玄德之欲投江，与曹操之买民心，一样都是假处。然曹操之假，百姓知之；玄德之假，百姓偏不以为假。虽同一假也，而玄德胜曹操多矣。

可见，给民众留下什么样的印象，很重要。觉得你坏，你干什么都会被恶意解读；是你的铁杆粉丝，你演技虚假浮夸，也不会跟你计较。

放眼今日小小寰球，一定会觉得他这话说得很有道理。

和美化刘备的道德相反，对刘备的政治、军事能力，《三国演义》却是大幅弱化的。

《三国演义》夸张诸葛亮的智慧，渲染关羽、张飞的神勇，除掉虚构了许多情节外，还有一个很重要的办法，就是把本来属于刘备业绩，分给他们去完成。

张飞鞭督邮一出，督邮本来是刘备自己打的。当然，移花接木的目的，是道德上美化刘备，但删去刘备性格中暴烈果决的一面，实际上也是弱化了刘备。

按照史料记载，督邮并不是索要贿赂不得才刁难刘备的，他完全是照章办事。因为当时：

> 州郡被诏书，其有军功为长吏者，当沙汰之，备疑在遣中。

当时国家的政策，就是把刘备这样靠军功当上县一级官员的人撤职。显然，这样的人分掉了一些长吏的位置，让士族觉得自己当官的通道变窄了，于是通过皇帝施加影响力，希望腾点空位子出来。第一波叛乱刚刚过去，就这样过河拆桥，而更大的动乱显然还在后面，到时该怎么应对？这些都顾不得了。东汉朝廷能出台这样自杀式的政策，说实话问题远比督邮个人的贪渎，要来得更严重。

这种情形下，刘备能豁出去鞭督邮，是能引起很大一批军人出身的官吏共鸣叫好的。

关羽斩蔡杨（阳），蔡杨也是刘备自己斩的。从当时人对刘备的评价看，刘备自己亲临一线指挥作战的水平不差，并非像《三国演义》描写的那样，多半躲在后面，看关羽、张飞在前面厮杀。

但比起诸葛亮来，关羽、张飞这两位贤弟抢大哥功劳的本事，就算不得什么了。按照《三国演义》描写，诸葛亮一出山，立刻接手刘备阵营的全部军事指挥权，并通过各种料事如神锦囊妙计，让关羽、张飞也完全折服。实际情况当然不是这样。

第一，刘备虽然一开始就给了诸葛亮极大礼遇，诸葛亮的官秩，却还是按照流程一步步往上升的。

赤壁之战后刘备平江南四郡，封诸葛亮为军师中郎将，而关羽是襄阳太守、荡寇将军，张飞是宜都太守、征虏将军，官爵都在诸葛亮之上。《关羽传》说："先主西定益州，拜羽董督荆州事。"言下似乎是刘备一离开荆州，荆州事务就交给关羽了，那时诸葛亮应是关羽的下属。诸葛亮、张飞、赵云等人入川，《张飞传》作"飞与诸葛亮等溯流而上，分定郡县"，似乎张飞和诸葛亮也是平等的，并不是谁统帅谁。

平定成都之后，诸葛亮为"军师将军，署左将军府事"，这才拥有了将军职衔，而"署左将军府事"表示刘备要面对各种紧要行政事务，都由诸葛亮来主持处理。虽然诸葛亮应该早就是刘备团队的核心成员，但制度上凸显这个身份，是到这时才有的。

第二，诸葛亮虽然是不世出的天才，但二十七岁的年轻人，也没本事一上来就包打一切。

至少史书中呈现出来的青年诸葛亮的形象，颇有轻浮躁进的一面：劝刘备攻刘琮袭取荆州，无论如何算不上高明的主意；出使东吴那一套游说激将之辞，苏秦、张仪式的策士风很重，也不见大政治家风范；刘备让他总督零陵、桂阳、长沙三郡，结果建安十九年诸葛亮离开去西川，建安二十年吕蒙打过来，这三郡就都降了东吴，虽然有各种客观因素，但总之诸葛亮群众基础夯得也不牢固。

这不是说诸葛亮水平不行，而是要理解诸葛丞相，关键词之一，是成长。

初出茅庐天才横溢锐气逼人的少年，慢慢就变成了夙夜忧叹鞠躬尽瘁的老丞相；诸葛亮的军事水平有争议，但一出祁山时的表现，说句"治戎为长，奇谋为短"并不为过，后来才"密如神鬼，疾如风雷，进不可当，退不可追，昼不可攻，夜不可袭，多不可敌，少不可欺……"以一州之力压着曹魏打了。这都是成长。

刘备活着的时候，很多领域，诸葛亮都还没有介入。

第三，诸葛亮一开始就最擅长的，恰恰是罗贯中最不理解的。

刘备在荆州的时候，诸葛亮"督零陵、桂阳、长沙三郡，调其赋税，以充军实"，刘备入西川之后，"先主外出，亮常镇守成都，足食足兵"。

这些工作重要吗？太重要了。有诸葛亮守在身后，刘备在前线才可以全力以赴投入战斗没有后顾之忧。但这项工作也太枯燥太没戏剧性了，写进小说里不好看。

《三国演义》的办法，是让诸葛亮活跃在前台，恨不得诸葛亮加盟后刘备集团取得的全部成就，都是诸葛亮的功劳。

在荆州把周瑜挤对得无计可施活活气死，是诸葛亮神机妙算。

在益州把川中名将一个个打得落花流水，是诸葛亮调度有方。

面对面硬扛击败曹操逼得他放弃汉中，是孔明先生的智商碾压曹孟德。

实际上这些事基本都是刘备自己冲在前面干的。

《三国演义》里却把刘备写得一点用没有，好像诸葛亮手里的提线木偶，只会哭，以至于民间有谚语说："刘备的江山，哭来的！"乃至刘备甘露寺招亲的故事，诚然热闹好看，但早有研究者看出来了：这不是套用民间故事里"傻女婿"的模板吗?

也就是说,《三国演义》塑造的刘备形象,道德高尚到不切实际,能力又平庸到乏善可陈,所以最终结果,是一种悬浮化,完全不像一个真人。也就是难怪鲁迅先生要评价说,《三国演义》"欲显刘备之长厚而似伪",而在今人眼中,这个形象也往往很不讨喜了。

但有个问题是,《三国演义》这种世代累积型的作品,是最典型的迎合着读者口味来的,其实较少作者的个人特色,却较能反映民间普遍的趣味。——显而易见的是,不论是早于《三国演义》的元代三国故事,还是《三国演义》之后出现的各种平话、戏曲,绝大多数支持刘备阵营,对其中诸多人物都可能力捧,唯独都对表现刘备的"雄姿杰出",没有任何兴趣。

所以,刘备会被塑造成这样一个形象,说明这个形象曾经真有群众基础。过去很多人心目中的"好皇帝",就应该是这个样子。

如果有耐心多读一点历史演义类的小说,会发现,好皇帝高尚而无能,是普遍现象。和有些作品比起来,《三国演义》塑造刘备的手法,简直算相当克制。

这里仅举一个大家熟悉的例子,《封神演义》里的周武王,西岐的大军都打到朝歌了,他都一直不知道自己的军队在干

啥,众将围住纣王大战时:

> 武王在逍遥马上叹曰:"只因天子无道,致使天下诸侯会集于此,不分君臣,互相争战,冠履倒置,成何体统!真是天翻地覆之时!"忙将逍遥马催上前,与子牙曰:"三侯还该善化天子,如何与天子抗礼,甚无君臣体面。"

后来看见纣王自焚:

> 武王在马上观看,见烟迷一人,身穿赭黄衮服,头戴冕旒,手拱碧玉圭,端坐于烟雾之中,朦胧不甚明白。武王问左右曰:"那烟雾中乃是纣天子么?"众诸侯答曰:"此正是无道昏君。今日如此,正所谓'自作自受'耳。"武王闻言,掩面不忍看视,兜马回营。子牙忙上前启曰:"大王为何掩面而回?"武王曰:"纣王虽则无道,得罪于天地鬼神,今日自焚,适为业报;但你我皆为臣下,曾北面事之,何忍目睹其死,而蒙逼君之罪哉?不若回营为便。"

真是好一朵纯洁的白莲花。

常听见人说,现代人应该是独立自尊的个体,去崇拜雄才大略的皇帝,是传统文化的糟粕。实际上,传统文化里还真不太有这路糟粕。旧小说的作者和读者,文化水平都不怎么高,也不明白国家体制是怎样运作的,但皇帝一雄才大略,自己日子就不好过,还是懂的。所以他们幻想中的好皇帝,也就是人很好,但没什么用,所以不折腾的样子。

附录一
历史、小说、历史小说

《三国演义》这部书，按照现在的分类，叫历史小说。历史和小说，这两个名词需要先解释一下。

历史有多崇高？

在中国的传统里，历史学有特殊的地位。梁启超在《中国历史研究法》中称："中国于各种学问中，惟史学最发达；史学在世界各国中，惟中国为最发达。"

为什么会如此？因为古代中国人，显然并不把历史仅仅当作"过去发生的事"。按照传统眼光看来：

第一，历史中包含着"道"，也就是人类社会最重要的原则，所以写历史书，也就是在进行核心价值观建设。

孔子是中国文化传统的核心人物。而古人相信，对孔子来说最重要的著作是《春秋》，孔子说："知我者其惟《春秋》乎！罪我者其惟《春秋》乎！"

《春秋》是一部历史书，却同时也被当作最高法典，所谓"孔子成《春秋》而乱臣贼子惧"。到了汉朝，有学问的人，是真会拿着《春秋》，来论证国家的大政方针的合理性的。

　　从《史记》开始，一部部正史排列下来，虽然都表示自己不敢和《春秋》相提并论，但是也都宣称，自己继承着《春秋》的精神，从事着极其神圣的工作。

　　因为历史有这样的神圣性，所以有些今天的人看来可能无所谓的问题，对古人来说就非常严重。比如说，蜀汉和曹魏这两个政权，究竟谁是正统？今天我们只把历史当作过去发生的事，大可以笑看这个问题；古人却非争出个是非来不可。

　　抱着这样一种历史信念，还意味着：学习历史，就是学习治国和做人，所以唐太宗说："以史为镜，可以知兴替"；得到了历史书的正面评价，那么承受人世间的种种磨难也就在所不惜，如文天祥的名句"人生自古谁无死，留取丹心照汗青"。

　　所以有人说，中国传统社会里，史学是发挥着类似宗教的职能的。

　　第二，正因为历史如此重要，所以史书的修撰，权力是深度介入的。

　　史官是国家干部，历史应该怎么写，是"天子之事"，就是天子赋予了你写历史的资格，你才可以动笔。

　　孔子对自己作《春秋》这事，说"其义则丘窃取之矣"，一个"窃"字，就是承认自己本没有这个资格。当然，后来他被钦定为圣人，资格就不成问题了，算先上车后买票。

司马迁在《太史公自序》里提到，他被人质疑过，你生在天子圣明的时代，一切各得其所，你为啥要写历史？后来也常有人骂司马迁竟然私自修撰历史。《三国演义》里出现过的王允，就是典型代表。

班固写《汉书》，曾被人检举私自修史，于是就被丢进了大牢。他的作品被送到皇帝面前。汉明帝看了很满意，于是封班固为"兰台令史"，别看这只是个百石的小官，有了这个身份，才有了合法地写历史的资格。

到了唐代，为了终结这种先上车后买票的情况，皇帝进行了重大制度创新，就是设立史馆。把正史的修撰，作为国家级的文化工程来做，由宰相一级的大官来主持。

所以今天我们看到，《晋书》是房玄龄撰，《隋书》是魏徵撰，《宋史》是脱脱撰，《明史》是张廷玉撰……都是名相。这些人政务繁忙，未必有多少工夫过问写史书的事，挂他们的名，就是朝廷表明一个姿态。

第三，历史还是社会上层交流的一种方式。

因为历史如此重要，所以上流社会的人谈事情的时候，都喜欢引用历史。这里简单举两例：

有人想把汉灵帝废掉，来联络曹操。那时候曹操还很年轻，他表示不能这样做，是这样论证的：

> 夫废立之事，天下之至不祥也。古人有权成败、计轻重而行之者，伊尹、霍光是也。伊尹怀至忠之诚，据宰臣之势，处官司之上，故进退废置，计从事立。及至霍光受托国之任，藉宗臣之位，内因太后秉政之重，外有群卿同欲之势，昌邑即位日浅，未有贵宠，朝乏谠臣，议出密近，故计行如转圜，事成如摧朽。

伊尹和霍光，是历史上两个曾经废掉天子的人。曹操大谈他们道德有多高，权势有多重，所以才可以这么做。然后话锋一转，表示自己不能和他们比，所以算了吧。

曹操赞美荀彧，说你可真是我的张良啊。荀彧劝曹操要好好经营兖州，就说汉高祖刘邦是怎么做的，汉光武刘秀是怎么做的。有人就根据这些议论，推论曹操当时就想当皇帝，还有人因此疑惑，既然都把曹操比作刘邦、刘秀了，后来荀彧为什么会反对曹操称魏公，加九锡呢？

周瑜劝鲁肃投奔孙权，认为当今之世，君固然可以选择臣，臣也可以选择君，特别强调，这是"昔马援答光武云"，这话是有以前的名臣对明君说的。

这类事例实在太多。总之，你要是不会随口引用历史掌故，或者别人引用了你却听不懂，那简直不配混这个社交圈。

小说有多卑微？

小说这个概念，不同时代，变化很大。从鲁迅的《中国小说史略》开始，小说史的著作很多，没有一部能够提出一个贯通古今的"小说"定义。这里只能做个最简单化的梳理。

（一）一个贬义的名词

"小说"这个词，大概是庄子最早使用的。他讲了一个任公子钓鱼的故事，说此君蹲在会稽，用五十头公牛当鱼饵，钓了一年多，期间毫无收获，但最后把海神叫若的，钓上来了。

海神是条巨大的鱼，任公子把他制作成一条条小鱼干，从今天的浙江省开始分，一直分到广西，广阔土地上的人们，都吃得饱饱的。[1]

于是庄子问：和任公子比，拿着小鱼竿，到小沟渠去钓鱼的，倒是哪天都不空手而回，可是都能钓上些啥？

所以，像任公子这样钓鱼，是有远大追求，这叫"大达"；

---

[1] 顺带一提，前几年有个网络段子，"北冥有鱼，其名为鲲，鲲之大，一只火锅炖不下"，千万不要觉得这类段子侮辱经典，看这段就是知道，最早这么玩的，其实是庄子自己。

历史、小说、历史小说

每天去河沟边上钓，弄点小鱼小虾什么的，这就是"小说"。庄子说：

> 饰小说以干县令，其于大达亦远矣。

县是高，令是美。修饰各种小说，来追求崇高美好的名声，距离大达也就很远了。说穿了，则是"其不可与经于世亦远矣"。

也就是说，"小说"这个名词诞生的时候，是骂人的话，凡是不上档次的作品，都可以叫小说。

（二）一个不入流的学术派别

西汉末年，皇家图书馆对藏书进行了整理编目工作，于是诞生了中国最早的目录学著作。原书虽然已经失传，但最有价值的内容，保存在《汉书·艺文志》里。

先秦诸子的著作，被分成了十大门派：儒、道、阴阳、法、名、墨、纵横、杂、农、小说。

小说家不但排名最末，而且直接被认为不入流，所以产生了一个说法，叫"九流十家"。《汉书》还加上了一段老贵族派头的按语：

> 小说家者流，盖出于稗官，街谈巷语，道听途说者之

所造也。孔子曰："虽小道，必有可观者焉，致远恐泥。"是以君子弗为也，然亦弗灭也，闾里小知者之所及，亦使缀而不忘，如或一言可采，此亦刍荛狂夫之议也。

几点值得注意：

第一，小说家指的是"街谈巷语，道听途说者"，他们不是"君子"，但小范围里却是舆论领袖，所谓"闾里小知者"。换句话说，这个小说家不像今天的小说家，倒更像今天的自媒体。

第二，小说这东西没什么价值，但也不必禁止，因为可能能够反映一些民意。而圣明的天子，总是很关注底层民意的。

第三，我们实际上不了解《汉书》里罗列的这些小说是什么样子。

小说家虽然排序在九流十家之末，但作品篇数却高达1380篇，排名第一（第二是道家，993篇；第三是儒家，836篇；其余七家，加起来的总数也不如小说多），可见小说家们的创作热情是很高的。但也只有小说亡佚得最彻底，一篇没剩下来，遗文也没几条。

（三）一种非虚构的作品类型

班固之后，一直到纪晓岚编《四库全书》，正统学者心目中的小说，大概可以这么定义：小说是记录不重要不确凿的事实的短小作品。

也就是说，小说是不能虚构的。它们存在的意义，是有可能可以填补史书的缺漏。

比如西晋干宝的《搜神记》，以今天的标准看，这是本鬼怪故事集，当然是虚构的，但干宝自己并不这么认为：

> 虽考先志于载籍，收遗逸于当时，盖非一耳一目之所亲闻睹也，又安敢谓无失实者哉。……今之所集，设有承于前载者，则非余之罪也。若使采访近世之事，苟有虚错，愿与先贤前儒，分其讥谤。

干宝不承诺自己写的都是事实，但同时，他也强调自己并没有编故事：有的事迹是古书上写的，那是前人的责任；有的故事他是从贤达名儒那里听来的，如果讲错了那么大家一起承担责任。

用今天话说，这叫不能造谣，但可以传谣。

唐代的传奇，开始"作意好奇"，虚构性很明显了。但恪守小说旧传统的人，对之是很瞧不上的。明代的胡应麟，算是思想比较开通，愿意对低俗文学发表点意见的人，但他评价唐传奇的经典《柳毅传》，"鄙诞不根，文士亟当唾去"，呸一声，赶紧的。

一直到清朝,这是古代文学的收官阶段了,纪晓岚批评《聊斋志异》,理由是:

> 小说既述见闻,既属叙事,不比戏场关目,随意装点……今燕昵之词,媟狎之态,细微曲折,摹绘如生,使出自言,似无此理;使出作者代言,则何从而闻见之?

小说是讲述见闻的,说的都是真事,不像写剧本那样可以胡编。《聊斋》写男女私情,那是真有细节真有现场感,你蒲松龄是怎么知道的呢?当事人不会告诉你,你又没有偷窥,所以你不可能知道。因此《聊斋》是"才子之笔,非著书者之笔也"。

把纪晓岚自己的《阅微草堂笔记》拿过来一比较,和《聊斋》的区别一目了然。其实纪晓岚很清楚自己很多故事也是胡编的,但他恪守传谣者的本分,外人不可能知道的事,他是不写的。

也就是说,不可以虚构,或至少假装没虚构的"小说",是瞧不起那些明显虚构的作品,不承认它们够格算"小说"的。

(四)文学的最低级:白话小说

当然,正统文人的观点,不能决定社会上的一般看法。实际上，不要说唐传奇和《聊斋》《三国演义》《水浒传》或者"三言二拍"之类，今天归入小说门类的作品，明清时也是被当作小说看待的。

只不过，比起那些精炼的文言小说，它们的档次又要更低一些。还是胡应麟的话："今世传街谈巷语，有所谓'演义'者，盖尤在杂剧、传奇下"。

莫是龙是明代文学家、书画家、藏书家，他是支持看杂书的，甚至说出"全不观小说家言，终是寡陋俗学"的话来，但是对《水浒传》《三国演义》等书，他坚持认为是"野史芜秽之谈"，应该烧掉。

这样，我们就看到一条完整的鄙视链：史书＞不可以虚构的"小说"＞可以虚构的"传奇"＞长篇章回小说和短篇白话小说。

当然，处于鄙视链底端，也可能会激发出绝地反击的勇气。冯梦龙《醒世恒言》的序里有句愤激之言，叫"六经国史而外，凡著述皆小说也"。这等于一个二本学生堵在双一流门口怒吼："说哈佛牛我承认，北大清华就那回事，其余什么乱七八糟的算个屁啊！"

另外，偶尔有些喜欢耍个性，要彰显自己品味广采博收，不拘一格的文人，会挑出几部白话小说来，和《史记》《庄子》并列。但我们要知道，这只是一种有趣的诡谈，绝不代表普遍意见。

历史如此崇高，长篇章回小说如此卑微，所以，历史小说这个名词，真是自带高岸为谷深谷为陵的气场。

文化人是怎样黑《三国演义》的

现在我们讲小说史，特别看重《三国演义》作为长篇章回小说的开山之作的意义，不过古代有身份的文人，看法却大不相同。

章回小说固然总体上都是被鄙视的，但碰到思想开明趣味博杂的人物，最有可能被单拉出来获得到好评的，是《水浒传》（《红楼梦》诞生后当然又是一种情况了）。《水浒传》的价值观，即使以古代标准看也属于变态（孙述宇先生的《水浒传——怎样的强盗书》，详细论证了这一点），但《水浒传》的特点，正在于它是恐怖的价值观和沛莫能御的文学才华的奇妙组合。《水浒传》用白话文写江湖，对文化人来说，这是用新奇的语言写陌生的世界，又确实写得人物鲜活世态生动，人比较容易赞美打开自己视野的东西。

《三国演义》就不行了。

《三国演义》的作者姓罗名本字贯中，这个并没什么争议。

关于罗贯中生平，最早一条记录是这样的：

> 罗贯中，太原人，号湖海散人。与人寡合，乐府、隐语，极为清新。与余为忘年交，遭时多故，各天一方。至正甲辰复会，别来又六十余年，竟不知其所终。（贾仲明《录鬼簿续编》）

这条是以罗贯中的朋友的口吻写的，因此也向来被认为是最可靠的记录。但值得注意的是，这里只介绍了罗贯中擅长"乐府"和"隐语"的创作，没提他是《三国演义》的作者。

这倒不说明罗贯中没写过《三国演义》，但可以反映出，即使对罗贯中这样社会地位很卑微的文人来说，写了一部长篇章回小说，也不如说几个段子重要。——乐府这里指散曲，隐语则是谜语，今天都可以归为段子类。

罗贯中除了被认为是《三国演义》的作者外，还有《水浒传》《隋唐两朝志传》《残唐五代史演义》《三遂平妖传》等小说的著作权，往往都归在他名下。这些作品风格各异，成就高低不同，不像是出自一人之手。以至于现在有学者认为，历史上真实的罗贯中是何等人物，其实并不重要，重要的是罗贯中成了一批作者，甚至若干互不相干的作者共用的笔名。

明清人的笔记里零零碎碎提到罗贯中，流露出来的态度也耐人寻味：

第一，提到罗贯中，更多是把他当作《水浒传》的作者，说些因为写了《水浒传》，他的子孙三代都是哑巴之类的警训。显然，《水浒传》在他们那里获得的关注度，要远远高于《三国演义》。

第二，如果认为施耐庵和罗贯中是师徒关系，施耐庵写了《水浒传》，罗贯中写了《三国演义》，那自然是认为学生比老师差得远。如胡应麟认为，"武林施某"的《水浒传》还有点看头，但"其门人罗本亦效之为《三国志演义》，绝浅陋可嗤也"。——甚至于不能排除这个可能：在这些文化人看来，《水浒传》比其他"罗贯中出品"，高明得太多了，所以才需要为罗贯中发明一个老师。

谢肇淛《五杂组》里有一段议论，给章回小说划分等级：

> 小说野俚诸书，稗官所不载者，虽极幻妄无当，然亦有至理存焉。如《水浒传》无论已，《西游记》曼衍虚诞，而其纵横变化，以猿为心之神，以猪为意之驰，其始之放纵，上天下地，莫能禁制，而归于紧箍一咒，能使心猿驯伏，至死靡他，盖亦求放心之喻，非浪作也。华光小说，则皆五行生克之理，火之炽也，亦上天下地莫之扑灭，而真武以水制之，始归正道，其他诸传记之寓言者，亦皆有

可采。惟《三国演义》与《残唐记》《宣和遗事》《杨六郎》等书，俚而无味矣。何者？事太实则近腐，可以悦里巷小儿，而不足为士君子道也。

第一档：《水浒传》显然拥有了凌驾在其他小说之上的地位，所谓"如《水浒传》无论已"，显然就是在谢肇淛那个圈子里，《水浒传》好已经是共识了。另外，谢肇淛有借了朋友的《金瓶梅》不还的黑料，虽然这里没提，想必《金瓶梅》也可以列入这一档。

第二档：《西游记》《华光传》等，它们好在哪里，需要说一说。谢肇淛评价《西游记》的话，是研究《西游记》的人至今经常引用的。按照今天的看法，《华光传》(《南游记》) 相当一般，但在谢肇淛看来，此书比《三国演义》也要强一些。

第三档：包括《三国演义》在内的一系列历史小说。

谢肇淛瞧不上《三国演义》的理由，是"事太实则近腐"，那么忠于正史干吗？

谢肇淛这人，二十几岁就中了进士，仕途也比较顺利，算成功人士。他学问好，藏书多，思想通透，眼光敏锐，诗文都做得漂亮。对他这样的人来说，看些和"正经学问"完全不同的小说，反而是别开生面的体验，所以也不吝啬给予赞美。但他感兴趣的是带点玄妙意味的哲理，而不是正确的三观，这是

《三国演义》提供不了的。至于历史知识，他当然会觉得，我要想了解直接去看正史好了，还轮得到你说？

所以他才用一副阶级敌人的腔调说，《三国演义》"可以悦里巷小儿，而不足为士君子道也"，谁喜欢《三国演义》谁没文化。

谢肇淛这种态度，在上流社会的文人里，相当有代表性。如后七子之首的王世贞，认为《史记》《庄子》《水浒传》《西厢记》是"宇宙四大奇书"，这也分明是有文化的富贵公子的趣味：一部史书，一部子书，一部小说，一部杂剧，放在一起似乎不搭，但共同点是都才气横溢又透着些非主流色彩。能开出这种书单，真真展示出既不拘一格，又超然卓逸的品味，至于《三国演义》，是不值一提的。

这就要说到上流社会的边缘人金圣叹了。他在王世贞这四部书之外，补了《离骚》和《杜诗》，称为六大才子书。他不如王世贞的地方，是缺少一点视而不见的高冷，捧《水浒传》的时候，特意把《三国演义》拉过来狂踩：

> 《三国》人物事体说话太多了，笔下拖不动，熬不转，分明如官府传话奴才，只是把小人声口替得这句出来，其实何曾自敢添减一字？

说《三国演义》人物和事件太多，导致形象不鲜明，情节不紧凑，其实是在嘲笑《三国演义》忠于正史是自找麻烦。

为什么说《三国演义》像"官府传话奴才"？一是传话者不生产内容，正如写《三国演义》不需要想象力。二是官府的指示，是用正经的书面语写的，人民群众看不懂，所以要把指示传达给群众，就需要转化为通俗易懂的语言，但也不能是真的劳动人民的语言，那会让老百姓对官府失去敬畏。这就产生了一种既不民间也不官方不伦不类非驴非马的"小人声口"，《三国演义》使用那种浅易文言，就属于这种语言。

赞美《三国演义》的人，爱说此书绝大多数内容在史书里都可以找到依据，又"文不甚深，言不甚俗"。其实就事实层面的判断说，和金圣叹是一样的，只不过褒贬刚好相反罢了。

金圣叹还提出过一个说法，《水浒传》前七十回是施耐庵写的，后面是罗贯中续的。此说当然没啥依据，但也体现出一个判断：他觉得《水浒传》招安以后的部分，写得像《三国演义》一样差，所以删掉算了。

一直到近现代，鲁迅、胡适仍然是赞美《水浒传》作者的才华，而对《三国演义》评价很低，和古代文人的趣味是一脉相承的。

当然，所有这些批评，也都等于在揭示《三国演义》深受欢迎的原因：毕竟，认为读书的意义，就是三观接受洗礼，知识获得提升，这种观点最有群众基础。《三国演义》刚好满足了这方面的需求。胡适说：

> 《三国演义》究竟是一部绝好的通俗历史，在几千年的通俗教育史上，没有一部书比得上他的魔力。五百年来，无数失学国民从这部书里得到了无数的常识与智慧，从这部书里学会了看书写信作文的技能，从这部书里学得了做人与应世的本领。他们不求高超的见解，也不求文学的技能；他们只追求一种趣味浓厚，看了使人不肯放手的教科书。"四书五经"不能满足这个要求。"廿四史"与《通鉴》《纲鉴》也不能满足这个要求，《古文观止》与《古文辞类纂》也不能满足这个要求。但是《三国演义》恰能供给这个要求。我们都曾有过这样的要求，我们都曾尝过他的魔力，我们都曾受过他的恩惠。（《三国志演义》序）

这些赞美，和他文学上对《三国演义》极度不屑，一点也不矛盾。文化人眼里的"文学"，和这些实用的功能，本来就不相干。

附录二

那些被《三国演义》抛弃的民间趣味

看魏晋时人的小说、笔记就可以知道,关羽、张飞的勇猛,诸葛亮的智慧与忠贞,曹操的奸诈与雄才……这些都在人物死后不久就已经传奇化,三国故事也一直很流行。由于讲故事、听故事的人兴奋点不同,慢慢的,就形成了两类不同的三国故事传统。

一个是史传传统。这个传统里的故事讲述人,一般有一定文化水准,但通常也不会太高。大体上,把《三国演义》改成现在最常见的样子的毛纶、毛宗岗父子,可以代表这个群体的较高水平,而下限大概就是鲁迅《风波》里赵四爷的样子,"不但能说出五虎将姓名,甚而至于还知道黄忠表字汉升和马超表字孟起"。

这类人的特点,一是三观很正,把宣传"仁义礼智信"这类传统价值观,当作小说很重要的功能和义务。二是很把正史的记录的当回事,讲故事的时候,会尽量往上靠,不大喜欢胡乱发挥。但说他们更关注历史,那倒也不见得。只是他们既然有且仅有一点读写能力,便很以这种本事为自豪,所以能够接近正史,乃是自己有文化的证明(他们若生在今天,大概就是喜欢盯着古装剧挑历史错误的人吧),至于正史本身也可能会错,那便不是他们措意所在了。

另一个是民间传统,如《全相三国志平话》和许多元杂剧,当然还有后来的各种评书、戏曲,都属于这个传统。这些作品主要面对不能阅读,通过听书看戏来获取信息的受众,价值观和趣味自然也和这些人民群众更加接近。

《三国演义》与其说是两个传统的集大成之作,不如说是史传传统排挤民间传统的产物,现在市面上常见的《三国演义》都是毛家父子改过的版本,这一点还要尤其突出。鲁迅《中国小说史略》里说,《三国演义》:

> 皆排比陈寿《三国志》及裴松之注,间亦仍采平话,又加推演而作之。

这是非常精准的判断,对民间传统的三国故事,《三国演义》只是"间亦仍采",也就是偶尔吸收一些而已,用得并不多。胡适的说法:

> 《三国演义》最不会剪裁;他的本领在于搜罗一切竹

头木屑，破烂铜铁，不肯遗漏一点。因为不肯剪裁，故此书不成为文学的作品。

这却有点信口雌黄。一来，把史书中零碎的材料穿插组织起来，本身需要非常巧妙的手法，胡适没写过长篇小说，写别的书也以挖坑不填著名，自然也就没证明过自己有这等腕力，可能对此事的难度，大为低估；二来，《三国演义》并不是对各种素材"不肯遗漏一点"，恰恰相反，他对民间的各种三国故事，删汰起来简直大刀阔斧。

下面我们就简单罗列一下《三国演义》都拒绝采用了哪些东西。

第一，拒绝白话。

大多数章回小说，都是用旧白话写的，《三国演义》却是文言文。并不是因为它早所以才更依赖文言，实际上更早的《三国志平话》，白话色彩反而要强烈得多。

当然，《三国志平话》作者的文字功底太差，所以能把开头写成这样：

> 昔日南阳邓州白水村刘秀，字文叔，帝号为汉光武皇帝。光者，为日月之光，照天下之明；武者，是得天下

也。此者号为光武。

对略识之无的读者来说,"光武"二字就不需要解释,何况他还解释错了。所以夏志清说,这么写真是让人感觉受到了冒犯。

所以后来者肯定是要大加改动的,问题是怎么改?《水浒传》选择的道路,是在糟糕的白话文的基础上,开辟穷荒创造了一个全新的文字世界。但《三国演义》却掉了个头,还是采用文言了。显然是罗贯中们认为,写历史题材,用文言文才有格调。

应该承认,以文言文的标准衡量,《三国演义》确实是越改越好的。拿最直观的回目来说,明代嘉靖本第一卷的回目是:

第一回 祭天地桃园结义　第二回 刘玄德斩寇立功
第三回 安喜张飞鞭督邮　第四回 何进谋杀十常侍
第五回 董卓议立陈留王　第六回 吕布刺杀丁建阳
第七回 废汉君董卓弄权　第八回 曹孟德谋杀董卓
第九回 曹操起兵伐董卓　第十回 虎牢关三战吕布

只是勉强凑出来七字一句。毛纶、毛宗岗父子修改过的版

本,把两回并成一回,回目变成上下对仗:

> 第一回　宴桃园豪杰三结义　斩黄巾英雄首立功
> 第二回　张翼德怒鞭督邮　何国舅谋诛宦竖
> 第三回　议温明董卓叱丁原　馈金珠李肃说吕布
> 第四回　废汉帝陈留践位　谋董贼孟德献刀
> 第五回　发矫诏诸镇应曹公　破关兵三英战吕布

叙述的文字,多数时候,毛批本也比嘉靖本要平正通顺一些。当然,它武打描写比较少,喜欢做"《三国演义》武力排名"的朋友,会觉得毛批本可用的论据少了,十分扫兴。不过不详细叙述武将战斗,毛家爷俩可能觉得是"史传之体",删了,是提升格调。

但是,擅长写近体诗、八股文的人,不会觉得这种水平的对仗有任何难度;对熟悉《左传》《史》《汉》的读者来说,这种文字上的进步,意义也不大。黄河四鬼勤学苦练成了三头蛟侯三爷,在黄药师、欧阳锋眼里,反正还是一招秒杀。

第二,拒绝没头没尾。

《三国演义》的情节,从汉灵帝中平元年(公元 184 年)黄巾起义开始,一直叙写到晋武帝太康元年(公元 280 年)灭吴为止，覆盖了九十多年的历史。全书分三大部分：

第一部分：桃园结义到赤壁之战；

第二部分：三国鼎立及其斗争；

第三部分：诸葛亮病逝之后，至三国归晋。

一般认为，最精彩的内容，绝大多数集中第一部分，第二部分下坡路明显，但还时有亮点；第三部分就没什么看头。所以马伯庸亲王有一段调侃文字：

> #非常不推荐#军文，开头一气出来四个主角，一边一个一边仨，双线情节，忍了。到荆州，我擦，新出来这个才是主角脸啊，书都过一半了！再往后，四个主角连着死，估计作者也意识到主角太多了。等到五丈原，我擦，最后这个主角也死了？后头还特么好几十页呢！最后统一天下这位，你谁啊？前面没出来过啊！

我们今天读小说或看影视剧，习惯以主人公为中心，主人公死了，往往故事也就结束了。其实古人的趣味，一样也是如此。文字功底不过关的《三国志平话》，对这一层都认识得很清楚，所以诸葛亮一死，不到一千字就全书结束。

罗贯中明知道魅力人物死光了后面不好看了，还是以惊人的毅力把余下的内容交代完，想必是因为在他心目中，重要的不仅是要讲述刘关张、曹操和诸葛亮的故事，而是要把三国这段历史首尾完整地交代一遍。毛家父子改《三国演义》时，这种心态更加强烈，他们宣称得了古本，在小说中又添加了这些内容：

> 事不可阙者，如关公秉烛达旦、管宁割席分坐、曹操分香卖履、于禁陵庙见画，以至武侯夫人之才、康成侍儿之慧、邓艾凤兮之对、钟会不汗之答、杜预《左传》之癖，俗本皆删而不录。今悉依古本存之，使读者得窥全豹。

这些内容里，和关羽、曹操、诸葛亮夫人有关的几个细节，丰富人物形象，当然加得好。邓艾、钟会、杜预是第三部分的重要人物，这部分既然写了，多些细节也好。管宁怎么与华歆割席的，郑玄（康成）家的女仆怎么有文化，这种次要人物的生活八卦，可真和小说主线没什么关联了。补充这些内容，只能是介绍历史的热情，超过了讲故事的兴趣。

第三，拒绝民间迷信。

前文介绍过，民间三国故事，有汉初人物转世投胎而为三国人物的故事，却被罗贯中毫不留情地删掉了。《三国演义》

讲究"事纪其实,亦庶几乎史",这种明显是根据佛教的轮回思想编造出来的段子,是不予采纳的。

有朋友可能会提出,现在《三国演义》的开头,显然也不是科学思维:

> 建宁二年四月望日,帝御温德殿。方升座,殿角狂风骤起。只见一条大青蛇,从梁上飞将下来,蟠于椅上。帝惊倒,左右急救入宫,百官俱奔避。须臾,蛇不见了。忽然大雷大雨,加以冰雹,落到半夜方止,坏却房屋无数。建宁四年二月,洛阳地震;又海水泛溢,沿海居民,尽被大浪卷入海中。光和元年,雌鸡化雄。六月朔,黑气十余丈,飞入温德殿中。秋七月,有虹现于玉堂;五原山岸,尽皆崩裂。种种不祥,非止一端。帝下诏问群臣以灾异之由,议郎蔡邕上疏,以为蜺堕鸡化,乃妇寺干政之所致,言颇切直……

这么极力渲染神秘诡异的事件,和轮回思想又有什么区别呢?

当然不可同日而语。天人感应、阴阳灾异,是正史的《五行志》《符瑞志》也会写的,属于官方迷信,《三国演义》对历史的忠实,其实是对历史书的忠实,写这些自然并不妨事。

那些被《三国演义》抛弃的民间趣味

平话和各种杂剧中，神怪色彩强烈的内容，比《三国演义》要多得多。明代对关羽的崇拜流行，已经产生了大量关于关羽的神鬼故事，罗贯中基本没有采纳。鲁迅曾嘲笑《三国演义》"状诸葛之多智而近妖"，可是看《三国志平话》对诸葛出场的描写：

> 诸葛本是一神仙，自小学业，时至中年，无书不览，达天地之机，神鬼难度之志；呼风唤雨，撒豆成兵，挥剑成河。司马仲达曾道："来不可当，攻不可守，困不可围，未知是人也，神也，仙也？"

本来就是设定成一个"妖"的。一些戏剧里诸葛亮的形象更有趣，如著名的三顾茅庐故事，被杂剧《博望烧屯》讲述成这个样子：刘关张三请诸葛亮，孔明认为刘备没有前途，不肯出山。忽然赵云赶到，向刘备报知阿斗出世。诸葛亮发现刘备竟然能生儿子，意识到低估他了，于是立刻答应下山。并分析天下大势说：

孙权有八十一郡，8+1=9；曹操有七十二郡，7+2=9；于是劝刘备取益州，因为益州五十四郡，难以置信的事情发生了：5+4=9。

原来诸葛亮发现了九九乘法表里，9 的倍数十位数和个位数相加刚好等于9，这才有隆中一对，未出茅庐，已定三分天下。

今天的读者常常嫌弃《三国演义》里诸葛亮的计谋太粗糙，给人一个锦囊，到关键时刻一打开就解决全部问题。要看看这些民间版本的诸葛亮，才能体会到，罗贯中真的已经很努力了。

第四，拒绝乱加主角光环。

面对三国这段历史，应该帝魏寇蜀国，还是尊刘贬曹？官方修史，有过漫长的争论；民间立场，却是很早就站在刘备一方的。苏东坡讲：家有熊孩子，家长烦了，就给两个钱让他听书去。听到曹操胜利，孩子就哭，听到刘备翻盘，孩子就笑。可见北宋时候，人心向背，非常明显。

今天比着《三国演义》和三国历史讲的人，往往就要指出：这个地方，《三国演义》帮刘备吹了个牛；那个地方，《三国演义》帮刘备洗了个地。

这当然是事实，但和民间故事比，《三国演义》明明很克制。

最重要的是，爽文当然是要大团圆的，刘关张诸葛亮都死了，蜀汉都被灭了，还怎么大团圆？《三国志平话》采用了这个办法：

晋王封汉帝为扶风郡王。走了汉帝外孙刘渊，投北去了。……刘渊幼而隽异，尊儒重道，博习经史，兼学武事。及长，猿臂善射，气力过人，豪杰士多归之。其子刘聪，骁勇绝人，博涉经史，善属文，弯弓三百斤，京师名士与之交结，聚英豪数十万众，都于左国城，天下归之者众。刘渊谓众曰："汉有天下久长，恩结于民，吾乃汉之外甥，舅氏被晋所虏，吾何不与报仇。"遂认舅氏之姓曰刘，建国曰汉。遂作汉祖故事，称汉王，改元元熙，追尊刘禅为孝怀皇帝，作汉三祖五宗神主而祭之……却说汉王领军数十万，前至洛阳伐晋。晋怀帝出迎敌，阵败，汉兵执之，杀而祭于刘禅之庙。又有晋愍帝即位于长安。汉王遣刘曜征之，遂虏晋愍帝，遂纳晋惠帝羊皇后为妻，遂送晋帝于平阳郡。汉王遂灭晋国，即汉皇帝位。遂朝汉高祖庙，又汉文帝庙、汉光武庙、汉昭烈皇帝庙、汉怀帝刘禅庙而祭之，大赦天下。

汉君懦弱曹吴霸，昭烈英雄蜀帝都。
司马仲达平三国，刘渊兴汉巩皇图。

别说，除了把匈奴人刘渊写得好像是汉献帝的亲外孙之外，这段倒基本都是史实。至于西晋永嘉年间那一段历史动荡，使得中国北方仿佛人间地狱，实在太不正能量了，自然不值一提。

《三国演义》不要这种强行圆梦，毛宗岗修改之后，以"滚滚长江东逝水，浪花淘尽英雄"开始，以"鼎足三分已成梦，后人凭吊空牢骚"收束，旗帜鲜明地坚持了历史虚无主义。

第五，拒绝武力崇拜。

京剧《甘露寺》里，乔国老狂吹刘备阵营，有一段著名的流水板，关于张飞的几句，是这样的：

> 他三弟翼德威风有，丈八蛇矛惯取咽喉，曾破黄巾兵百万，[1]虎牢关前战温侯，当阳桥头一声吼，喝断那桥梁水倒流……

对照《三国演义》，破黄巾时张飞并无特别的功勋，虎牢关是三个打一个，当阳桥会断，则是弄巧反拙所以拆掉的，都不怎么露脸，真不知道有啥可吹。要看《三国志平话》，才能明白乔玄在说啥。

按照《三国志平话》，黄巾军就是刘关张平定的，尤其以

---

1 现在通行的唱词，这句改成了"鞭打督邮气冲牛斗"，为什么会有这种改变，那是另外一个复杂的故事了。

张飞居功至伟。第一战,张飞单枪匹马,取了杏林庄;第二战,在刘备的一再坚持下,张飞终于同意带几个人:

> 飞曰:"我招些自愿去的军,如跟我去,得功者子孙永享国禄!"第一声,招得七人七骑;第二声,招得三人三骑;第三声,招得二人二骑。共招得一十三人。

看这个加法水平,倒是可以理解为啥诸葛亮会九九乘法表,就是天下奇才了。——闲话少叙,总之,是张飞带来了决定性的胜利。

"虎牢关前战温侯",张飞露脸在哪里呢?《三国志平话》是这么写的:

> 张飞出马持枪。张飞与吕布交战二十合,不分胜败。关公忿怒,纵马轮刀,二将战吕布。先主不忍,使双股剑,三骑战吕布,大败走,西北上虎牢关。次日,吕布下关,叫曰:"大眼汉出马!"张飞大怒,出马,手持丈八神矛,睁双圆眼,直取吕布。二马相交,三十合,不分胜败。张飞平生好厮杀,撞着对手,又战三十合,杀吕布绊旗掩面。张飞如神,吕布心怯,拔马上关,坚闭不出。

就是说，与《三国演义》里武评界公推吕布第一不同，《三国志平话》的情节，张飞是公平单挑打败了吕布的，所以当然值得大吹特吹了。后文书，还有张飞与赵云大战，六十个回合，杀得"赵云气力不加，败回马本阵里来"，不在话下。

"喝断那桥梁水倒流"比较好解释，《三国志平话》里，桥就是被张飞一嗓子吼断的。

京剧艺人并没有看过《三国志平话》，他们演出的内容和平话相同，说明民间自有一个口耳相传的三国故事系统，和《三国演义》之间虽有交流，却谁对谁都没有决定性的影响。我们今天常说，《三国演义》在四大名著里影响是最大的，其实是"三国故事"影响大，《三国演义》的读者数，是不宜过分高估的。

《三国志平话》把张飞塑造得凶暴残忍又神勇无敌，和《三国演义》里的形象不同，但评书爱好者也会觉得很熟悉：因为很多书里面，都喜欢设置一个这样的人物。

《三国演义》里，张飞的武力被大幅削弱，实际上是《三国演义》里所有武将都被削弱了。曾有朋友想打通全部"演义"小说，做一个武力排行榜，结果立刻发现，《三国演义》里的人物，根本排不上号。

隋唐故事里，面对李元霸两柄大锤，什么十八家反王，七十二路烟尘，六百万大军，只有被横扫的命；残唐五代故事里，李存孝也强大到完全破坏平衡，《三国志平话》里的张飞，多少也是按照类似思路写的。但《三国演义》却抛弃了武艺决定论：关羽过五关斩六将实际上是一次逃亡，赵云在长坂坡将星闪耀，但完全改变不了刘备的败局。总之，武将只能影响小规模战斗的输赢，却不是战争成败的决定性因素。

那决定战争胜败的是什么呢？是谋臣：

> 水镜曰："不然。盖因将军左右不得其人耳。"玄德曰："备虽不才，文有孙乾、糜竺、简雍之辈，武有关、张、赵云之流，竭忠辅相，颇赖其力。"水镜曰："关、张、赵云乃万人敌，惜无善用之之人。若孙乾、糜竺辈，乃白面书生，非经纶济世之才也。"（《三国演义》第三十五回）

虽然从小说的内容看，《三国演义》的作者也未必知道文官系统对国家机器的运转究竟发挥着怎样的作用，但他的立场，确实是读书人的立场。

第六，拒绝仇恨女性。

《三国演义》和《水浒传》一样，都是典型的男权立场上的作品，但对女人的认识，彼此之间也有明显区别。简单说就是：

《水浒传》认为，女人应该活成男人需要的样子，但事实上做不到，所以女人坏透了；

《三国演义》认为：女人应该活成男人需要的样子，这是可以做到的，所以还是有好女人的。

《三国演义》里的女性形象数量不多，写得也不生动，但正面人物不少。

比如说刘备的老婆，曹操的女儿，就都是好女人的人设。而且这个倾向，随着《三国演义》的反复修改，还是被不断强化的。

《三国演义》安排刘备说"兄弟如手足，妻子如衣服"这句他觉得很正能量的台词，对女人是鄙视到极点了，但里面刘备的几个老婆，追随他都很无怨无悔。

关羽之所以土山约三事，同意暂时栖身曹营，顾念刘备的甘糜二夫人的安危，是重要原因。找不到刘备的日子里，关羽把嫂嫂当兄长一样尊敬；甘糜二夫人却特别有做女人的自觉，并不因此发号施令，她们的台词是这样的：

叔叔既已领诺，何必问我二人？
叔叔自家裁处，凡事不必问俺女流。

后面长坂坡大战,保护嫂嫂的重任,又落到了赵云的肩上。糜夫人的自我牺牲,被大力渲染:

> 赵云听了,连忙追寻。只见一个人家,被火烧坏土墙,糜夫人抱着阿斗,坐于墙下枯井之傍啼哭。云急下马伏地而拜。夫人曰:"妾得见将军,阿斗有命矣。望将军可怜他父亲飘荡半世,只有这点骨血。将军可护持此子,教他得见父面,妾死无恨!"云曰:"夫人受难,云之罪也。不必多言,请夫人上马。云自步行死战,保夫人透出重围。"糜夫人曰:"不可!将军岂可无马?此子全赖将军保护。妾已重伤,死何足惜!望将军速抱此子前去,勿以妾为累也。"云曰:"喊声将近,追兵已至,请夫人速速上马。"糜夫人曰:"妾身委实难去。休得两误。"乃将阿斗递与赵云曰:"此子性命全在将军身上!"赵云三回五次,请夫人上马,夫人只不肯上马。四边喊声又起。云厉声曰:"夫人不听吾言,追军若至,为之奈何?"糜夫人乃弃阿斗于地,翻身投入枯井中而死。

没有妻妾争风的剧情,两位夫人从来不曾有过一点矛盾,阿斗是甘夫人生的,糜夫人却愿意为了保护这孩子而死,更显得高尚。

而这段情节，完全是《三国演义》虚构。当阳大战之前，糜夫人大约已经去世了，史书中只提到赵云保护甘夫人，完全没有她的踪迹。

孙权的妹妹，刘备的孙夫人，史书与演义更是完全不同的形象。

史书记录，刘备和孙夫人完全是政治婚姻，没有感情可言。孙夫人的价值观，是可以大声朗诵索福克勒斯的《安提戈涅》的：哥哥比丈夫重要得多。嫁到刘备身边，她成了孙权埋在刘备的一颗雷。孙夫人想绑架阿斗到东吴去，因为她完全站在东吴立场上考虑问题。

《三国演义》的写法，孙夫人可就完全站在刘备一边了。之所以回到东吴去，是因为孙权骗她说吴国太生病了。她也成了受害者。

而夷陵战败，刘备死了的谣言传到东吴，孙夫人还要祭江自杀，她本来那么慷慨侠烈，但最终的自我定位，似乎就是做一件寿衣。

曹操的女儿做了汉献帝的皇后，曹丕篡汉的时候，曹后的表现是：

> 曹后曰："百官请陛下设朝，陛下何故推阻？"帝泣曰："汝兄欲篡位，令百官相逼，朕故不出。"曹后大怒

曰："吾兄奈何为此乱逆之事耶！"【毛夹批：曹后深明大义，不是女生外向。】言未已，只见曹洪、曹休带剑而入，请帝出殿。曹后大骂曰："俱是汝等乱贼，希图富贵，共造逆谋！吾父功盖寰区，威震天下，然且不敢篡窃神器。今吾兄嗣位未几，辄思篡汉，皇天必不祚尔！"【毛夹批：比孙夫人之叱吴将更为激烈，不意曹瞒老贼却有如此一位贤女。】

曹后的台词，其实是毛宗岗创作的，他的批语，是自己给自己频频点赞，得意于自己塑造了一个这么正面的女性形象。

其实民间三国说到女人，也是有不少和《水浒传》风格相似的故事的。

有一个故事《三国演义》里还保存着，就是"刘安杀妻"。一次刘备落荒，到了一个叫刘安的猎户家里，刘安为了让刘皇叔吃顿好的，就把自己的老婆杀了，骗刘备说是狼肉，给刘备吃了。

毛宗岗评点到这里，精神似乎进入分裂状态：又忍不住要说猥琐笑话（要是怕老婆的人杀了老婆，是不是该叫狮子肉啊？），又要表扬刘安杀了妻子却孝敬母亲，但也说了句人话："古名将亦有杀妻飨士者。妇人不幸生乱世，遂使命如草菅，哀哉！"——当然，说分裂，其实是我的感受，他自己可能并不觉得，人对一件事的态度，就是可以复杂多元的。

桃园结义故事，有这样一个版本，三兄弟结拜之后，觉得家小是拖累，就回去把妻子都杀了。刘备干脆，撕掉一件衣服一样杀了自己的老婆，关羽和张飞都有些不忍，于是换着杀：关羽去杀了张飞的妻子，张飞心最软，让关羽怀孕的妻子逃走，这才引出了关索的传奇。这个故事《三国演义》的作者显然知道，但是没要。

还有一出叫《关大王月夜斩貂蝉》的杂剧。此剧失传已久，但故事在民间一直都有流传：曹操灭了吕布，貂蝉就到了曹操手里，曹操送关羽美女十名，其中之一就是貂蝉。于是貂蝉就被关羽斩了：是关羽读《春秋》，看到女人是祸水的历史心头火起，于是就跑去斩了貂蝉呢？还是貂蝉月下调戏关羽，关羽觉得我这么正直你居然勾引我不是侮辱我吗，于是斩了貂蝉呢？还是貂蝉月下调戏关羽，青龙刀害怕关羽抵御不了诱惑，自己飞起来斩了貂蝉呢？随段子手的品味而定，倒没有一定之规。

《三国演义》坚决抵制这个情节，毛宗岗特意大书：

> 我谓貂蝉之功，可书竹帛。若使董卓伏诛后，王允不激成李、郭之乱，则汉室自此复安；而貂蝉一女子，岂不与麟阁、云台并垂不朽哉？最恨今人，讹传关公斩貂蝉之

事。夫貂蝉无可斩之罪，而有可嘉之绩：特为表而出之。

如果换成施耐庵，却可能会详细描写关羽怎么解剖貂蝉的。

对比《水浒传》，《三国演义》大概更能代表传统的主流社会对女人的态度：直男癌是真的，歧视女人是真的，不了解女人内心是真的，有时爱说些淫猥段子也是真的，但还不是彻底脏了心。和《水浒传》所代表的游民社会那种强烈的仇女情结，区别也是很明显的。

第七，拒绝热衷富贵。

民间三国故事，对荣华富贵的渴望，往往来得比较直白，并不用道德语言重重包裹起来。

《三国志平话》里，介绍赵云追随刘备的理由是：

> 先主非俗人之像，异日必贵，又兼是高祖十六代孙，我肯弃之？

"异日必贵"四个字，真是活画出攀龙附凤的心态。

又如说元杂剧《刘关张桃园三结义》，关羽、张飞结识之后，又遇见了刘备，发现他"实为贵相"，于是请刘备喝酒。

刘备喝醉后，身上出现奇异的征兆。

> 关羽：兄弟，你见么？他侧卧着，面目口中钻出条赤练蛇儿，望他鼻中去了。呀呀呀，眼内钻出来，入他耳中去了。兄弟也，你不知道，这是蛇钻七窍，此人之福，将来必贵也。等他睡醒时，不问年纪大小，拜他为兄，你意下如何？

杂剧作者社会地位不高，学问、见识常被嘲笑，但说到细节刻画的功夫，自有难以企及的地方。就这么几句台词，生生展现出恐怖片的画面感。但关羽从这条在刘备脸上钻来钻去的小蛇身上，看见的不是恐怖，而是自己的发展前途。

于是关羽决定追随刘备，并提醒张飞说，咱们"不问年纪大小，拜他为兄"，这就有点西门庆热结十兄弟的调调了。《金瓶梅》第一回，写西门庆和一群帮闲无赖结拜兄弟：

> 众人一齐道："这自然是西门大官人居长。"西门庆道："这还是叙齿，应二哥大如我，是应二哥居长。"伯爵伸着舌头道："爷，可不折杀小人罢了！如今年时，只好叙些财势，那里好叙齿！若叙齿，这还有大如我的哩……"

那些被《三国演义》抛弃的民间趣味

《金瓶梅》是很写实的，民间结拜兄弟，尊最有财势的做大哥，原是社会风气。刘备虽然还落魄，但脸上这条小蛇，已经预示出刘备未来的势力，所以大哥也就是他了。

《三国志》并没有明确交代关羽、张飞的年纪，但民间总有传说，讲关羽年纪比刘备大，甚至有时张飞年纪都比刘备大。无他，叙财不叙齿的西门庆、应伯爵们，需要这样的桃园结义而已。

这种对富贵的在乎，在《水浒传》里也很明显。比如宋江江湖人称及时雨，多少好汉看见他倒头便拜，早有人指出不过是因为他有及时的银子；比如鲁智深瞧不起打虎将李忠和小霸王周通，但人家山寨里的金银酒器，他是很瞧得上，离开时要打包带走的；武松为张都监工作时，人家想通过武松走后门，那些礼物武松也是照单全收，施耐庵还云淡风轻写了一句，"不在话下"，显然在他看来受贿是再正常不过的事。

《三国演义》的道德底线，显然要高上一大截。为什么会有桃园三结义，赵云为什么会选择追随刘备，《三国演义》里都有正义凛然的台词。

第八，拒绝渲染暴力。

《水浒传》故事发生在大宋宣和年间，虽然天崩地坼的靖康之难已在悄然逼近，但大宋官民并未觉察，人们日子还颇过得下去，人口还在增长中；三国则是中国历史上最具毁灭性的乱世，官方统计的人口数，从五千多万骤减到七百万，实际人口损失，恐怕也在三分之二以上。体现在小说中，《三国演义》比《水浒传》里死人要多得多，一个赤壁之战，就超过了《水浒传》里的死人总数。

但读《三国演义》，血腥恐怖的感觉，远远不如《水浒传》强烈。

因为《三国演义》写的是死了几百万人，《水浒传》是死人的事发生了几千几万次。

《水浒传》里，写活剐潘巧云，写凌迟黄文炳，写矮脚虎王英用人心做醒酒汤，写张青、孙二娘的人肉铺，写李逵杀死小衙内，烧烤假李逵……似乎有一种癫狂的快意，又似乎这只是英雄们的日常，森森的寒意，看得人从心底里涌上来。

《三国演义》完全不是这样。其实平话、杂剧里，喜欢渲染暴力的三国故事一样不少，前面我们就引用过一些，如写到张飞鞭督邮后还要分尸，文笔那么粗陋的《三国志平话》，一下子就兴奋细致起来。

但这些内容，罗贯中就是没要。

实际上，《三国演义》给人的感受，甚至远远不如读正史残酷。因为叙述的聚光灯，完全打在英雄们的身上，你看见的是他们的英勇神武，而倾向于忽视了他们刀枪下的亡魂。武

那些被《三国演义》抛弃的民间趣味

力第一的吕布，刘备阵营的五虎上将，曹操手下的典韦、许褚……都有自己的高光时刻。那些情节读来只让人觉得英风浩荡，却并不见得多血腥。"两马相交，战不三合，一刀挥于马下"，小孩子听这样的故事，脑海中可能只是闪耀着飒飒的刀光，但并没有脑补出鲜血奔涌的画面。——这点倒真像94版的电视剧《三国演义》，由于特技不过关，砍下人头，颈子里喷出来的红色，稀薄得像雾像雨又像风，有点搞笑，但没有任何恐怖之处。

你可以说，把战争写得如此浪漫，体现的是作者的轻佻。但罗贯中是真的没有用血淋淋的笔触来挑逗、刺激读者。

甚至于，《三国演义》写到大规模死亡，偶尔还会有一点悲悯。比如火烧藤甲兵时，诸葛亮有这样的表现：

> 只见山上两边乱丢火把，火把到处，地中药线皆着，就地飞起铁炮。满谷中火光乱舞，但逢藤甲，无有不着。将兀突骨并三万藤甲军，烧得互相拥抱，死于盘蛇谷中。孔明在山上往下看时，只见蛮兵被火烧的伸拳舒腿，大半被铁炮打的头脸粉碎，皆死于谷中，臭不可闻。孔明垂泪而叹曰："吾虽有功于社稷，必损寿矣！"左右将士，无不感叹。

诸葛亮出山三把火，烧死了多少汉人，从来也没心疼；现在烧死少数民族，他就折寿了。这个立场分寸，拿到今天也挺符合舆论导向的。

说到这里，我们可以尝试概括一下：

《三国演义》是一部努力排斥低俗的民间趣味的书，但是它没有因此失去群众基础，恰恰相反，这种努力使它在部分群众那里，获得了一种高级感。

在许多时空里，人民群众对自己认同度并不高，他们向往的是更高阶层的生活状态。历史在中国的文化传统中被设定为如此崇高之物，当然是他们希望了解的。今天的学者指出《三国演义》与历史不符的地方很容易，但至少曾经，《三国演义》能提供给人们一种"这就是真实的历史"的感觉，满足了不少人提升自我的需求。

看起来更俗气的《水浒传》或《西游记》，就没有这个功能。

但也正因如此，《三国演义》被牢牢固定在了古代知识精英的鄙视区。道理很简单，高档奢侈品和一般大众日用品没有对立关系，但最看不惯的就是"假名牌"。

图书在版编目（CIP）数据

天下英雄谁敌手/刘勃著. -- 上海：上海文艺出版社,2021(2024.6重印)
（刘勃说书）
ISBN 978-7-5321-7917-6

Ⅰ.①天… Ⅱ.①刘… Ⅲ.①中国历史－研究－三国时代 Ⅳ.①K236.04

中国版本图书馆CIP数据核字(2021)第028867号

发 行 人：毕　胜
选题策划：洋火文化
特约编辑：莪　相
责任编辑：肖海鸥
封面设计：蒋　熙
内文制作：常　亨

书　　名：天下英雄谁敌手
作　　者：刘　勃
出　　版：上海世纪出版集团　上海文艺出版社
地　　址：上海市闵行区号景路159弄A座2楼　201101
发　　行：上海文艺出版社发行中心
　　　　　上海市闵行区号景路159弄A座2楼206室　201101　www.ewen.co
印　　刷：苏州市越洋印刷有限公司
开　　本：889×1168　1/32
印　　张：9.875
插　　页：7
字　　数：175,000
印　　次：2021年4月第1版　2024年6月第7次印刷
Ｉ Ｓ Ｂ Ｎ：978-7-5321-7917-6/K.0426
定　　价：49.00元
告 读 者：如发现本书有质量问题请与印刷厂质量科联系　T：0512-68180628